# 「星条旗」の下の宰相たち

佐藤 章

# はじめに

アメリカ合衆国の第47代大統領に共和党のドナルド・トランプが就任した。この本の前書きは、そのトランプが1月20日の就任式で最初に「アメリカの黄金時代がいま始まる」と宣言したその数時間後に書き始められた。

「いま始まる」とされた「アメリカの黄金時代」は、実はちょうど80年前に始まっている。「いま始まる」という言葉は、トランプの施政のスタートを飾る単なる修飾語でしかない。

1945年8月15日、日本は太平洋戦争に降伏し、同9月2日には東京湾上のアメリカ戦艦ミズーリ号の甲板で降伏文書の調印式が行われた。「アメリカの黄金時代」は名実ともにこの時から始まった。

降伏文書に調印した日本側の全権団は重光葵外相や梅津美治郎参謀総長らで、重光はその後、戦後の日本政界を代表する形でもう一度アメリカ側と対峙することになる。

トランプは1月20日の大統領就任式で「アメリカの黄金時代がいま始まる」と最初の言葉を発した後、こういうことを言った。「私はとても単純にアメリカを第一に考えている」「ほんの数カ月前、美しいペンシルベニアで暗殺者の銃弾が私の耳を貫いた。しかし、私は神によって命を救われた。それには理由があると感じている。つまり、アメリカを再び偉大にするために私は神によって救われたのだ」

Make America Great Again! こう唱え続けるトランプが赴くところ、ほとんど必ず群衆から「USA! USA!」コールが沸き起こる。

このトランプを相手に、日本の石破茂首相はどう対応していくべきなのか。この問いに対しては、日本国内では悲観的な見方が多い。その見方の拠って立つ前提は、政治スタイルにおいて石破と対極に存在したと思われている安倍晋三元首相の外交姿勢である。

安倍は第1期トランプ政権前の2016年11月、トランプが大統領に就任する直前にニューヨークにあるトランプタワーに出かけ、素早く個人的な親交を築いたと思われている。安倍は50万円相当の金色のゴルフクラブ、ドライバーをトランプに贈った。

安倍は実は、2013年2月にもバラク・オバマ大統領にパターを1本贈っている。なぜ安倍がこうもアメリカ大統領に繁々とゴルフクラブをプレゼントしているかと言うと、祖父である岸信介元首相の伝説的なエピソード、あるいは言葉を代えて言えば「二番煎じ」にあやかっているためだ。

岸は１９５７年６月、アメリカに渡ってワシントン郊外のゴルフ場で、ドワイト・アイゼンハワー大統領とゴルフに興じた。首相となった岸のこの時の最大の政治的課題は日米安全保障条約の改定で、不平等なこの条約をいかに平等なものに近づけていくか、あるいは少しでも平等なものに見せかけるか、というところに最大の眼目があった。

このゴルフ場、バーニングツリー・クラブは「女人禁制」でも有名なクラブで、クラブハウスでは岸もアイゼンハワーも裸で肩を並べてシャワールームまで歩き「裸の付き合い」を始めることになった、という逸話が残っている。

安倍は、アメリカ大統領にゴルフクラブをプレゼントしてこの逸話を語ることが大変気に入っていたらしく、オバマにはこのエピソードを紹介してパター贈呈の「歴史的意味」を伝えたという記事を私は読んだ記憶がある。恐らくは、安倍はトランプにも同じ話をしているだろう。

一方、石破の方は、日米関係を語る時には当然ながら岸の逸話などはカケラも登場しない。反対に、しばしば登場するのは、ミズーリ号上で降伏文書に署名した重光葵である。

２０１１年9月27日、衆院予算委員会で質問に立った石破は、この時の民主党政権の野田佳彦首相に対して、集団的自衛権の導入を迫った。この時に出した名前が重光葵だった。

外相だった重光は1955年8月に渡米し、ダレス米国務長官との会談で日米安保条約の改定を提案したが、ダレスは重光の安保改定提案を一蹴した。石破によれば、この時重光がダレスに告げたのは、「日本は集団的自衛権を導入してグアムまでの守備にあたる。したがって、アメリカの軍隊は日本から撤退していただきたい」という趣旨のことだった。だが、重光の求めに対してダレスが返した言葉は「日本はそのような憲法解釈を認めていないし、自衛隊にはそのような力もないはずだ」というものだった。

実は私は、この時重光らに同行していた朝日新聞記者の記事も読んでいるが、その時のダレスの言葉はもっと冷ややかなものだった。「重光君。君はそんな偉そうなことを言うが、今の日本にそんな力があるのかね」とまるで相手にしていないような言葉遣いだった。

この時の重光の狙いについては、実は安保改定や米軍撤退にあったのではなく、日本駐留米軍への「思いやり予算」の前身にあたる防衛分担金の削減に照準を定めたものだったのではないか、という解釈も出ているが、2011年、野田に質問した石破の解釈は従来からのクラシカルなものであり、質問の趣旨も、米国と真の対等関係に立とうと思えば集団的自衛権を導入して、米国との間に対等な相互防衛条約を結ばなければならないのではないか、というものだった。

そして、重光外相が渡米した1955年8月、同行した政治家が二人いた。ひとりは河野一郎農商相、そしてもう一人は岸民主党幹事長だった。ダレスと重光のやり取りを眺めていた岸は、重光の後に口を開いた。「日本はアメリカの期待に沿えるよう、経済力の充実にさらに努めてまいりたい」という内容で、この発言が改めてダレスの目に留まったようだった。そして日米安保条約の改定はこの時から5年後の1960年、岸が政権を取った後に実現した。

ここに見るごとく、戦後の日本の政治家にとって対米関係は最大の重要課題だった。そして、この最大の重要課題を前にして、石破―重光の組み合わせと安倍―岸の組み合わせは別々の性格を有しているように思われがちだが、実はほとんど違いはない。どちらの組み合わせも第一に対米独立を考え、第二にその手段として集団的自衛権を導入して軍事的な独立を目指すことを企図している。

つまり、日本の戦後の政治家たちは、いかにしてアメリカに対して独立的地歩を築いていくかという課題に直面し続けている。「アメリカといかに対等の地位を手に入れるか」戦後の日本の政治家にとって、これが最大の課題であり、特に首相となった政治家にとっては例外なく避けようもない宿命的な課題だった。この課題を前に、日本の首相たちは悲喜劇を繰り返して、時に戯画的なふるまいを見せ、時に深刻な行動に出た。

日本の首相にとって宿命的なこの課題の淵源をさぐるのが、この本『「星条旗」の下の宰相たち』の使命だ。そのために、私は、日本の4人の首相を取り上げた。年代順に記せば、吉田茂、岸信介、佐藤栄作、そして田中角栄である。

この本は、私が週刊誌「週刊朝日」編集部に在籍していた時に同誌に連載した大型企画が基になっている。この大型企画の成り立ちの経緯もやはり少なからぬ歴史的な意味をもっているので、きちんと記しておこう。

実は「週刊朝日」の廃刊の危機を救うための企画の一つだった。

かつて「週刊朝日」とノンフィクション作家である佐野眞一が、大阪市長だった橋下徹を取り上げて「ハシシタ・奴の本性」という連載記事を始めようとした。ところが、その第一回から社会的な問題となり、連載は中止、「週刊朝日」自体、一気に廃刊の危機に追い込まれた。

その時、私自身は自民党の二階俊博議員の巨額スキャンダルを追っていた。スクープ事件だったが、この時の「週刊朝日」編集長、担当デスクは完全に誤った判断を下していた。つまり、「ハシシタ」の連載を最優先事項とし、二階スキャンダルを後回しにした。結果的に、半年ほど掲載を待たされた二階スキャンダルが載った翌週に「ハシシタ」を掲載して大問題となった。

私はその朝、笑顔の橋下徹の表紙を見て初めて記事を一読し、即座に「週刊朝日」廃刊の危機を直感した。その後の経緯は私の直感通りに進んでいったが、この時たまたま日曜出勤していた私のもとに朝日新聞出版の幹部がやって来て「対米政治の大型連載をやってほしい。この大型連載を週刊朝日立て直しの柱にしたい」と頼み込んだ。

時間がほとんどなかったが、幸いなことに私は対米関係を中心に戦後政治史について少なからぬ知的な蓄積を持っていた。アメリカの現地取材2週間、時差による寝不足に悩まされて、アメリカ国内で本来乗るべき飛行機を前にして深い眠りに落ちてしまったこともあった。

この大型連載は、トランプ大統領が再び出現する日付に合わせて書籍化計画が進み、このたび、アメリカ取材も含めて歴史的なインタビューの数々も生かす形で出版されることになった。インタビューはそれぞれ歴史的な価値のあるものだと自負しているが、生データは膨大な量に及ぶため、書籍のページ数の関係上、最重要と思われるところだけを生かすことにした。元々が雑誌連載記事であるゆえ、第○章ではなく第○回と表記されている点や、連載時に掲載されていたいくつかの写真を割愛してある点も、あわせてご了解のうえお読みいただければ幸いである。

第47代米大統領就任式の日に

著者しるす

目次

はじめに…3

天皇・マッカーサー会見 関連詳細年表…12

第1回 主権はだれの手に――岸信介〜安倍晋三…29

沖縄の基地撤去運動 伊佐真次氏、屋良博一氏、山里昌毅氏インタビュー…44

第2回 国家という作品――岸信介・上…71

天皇外交 豊下楢彦氏インタビュー（要約）…85

第3回 ストロングマン――岸信介・下…91
日米関係と冷戦期の外交政策　マイケル・シャラー（アリゾナ大学教授）インタビュー…105
岸信介と戦後政治　加藤哲郎氏インタビュー（要約）…120
第4回 昭和天皇の陰で――吉田茂…123
安保政策と沖縄返還問題　西山太吉氏インタビュー（要約）…139
第5回 深き野望の果てに――佐藤栄作…143
沖縄返還交渉と日米関係の内幕　栗山尚一氏インタビュー（要約）…159
最終回 誤算の代償――田中角栄…163
田中角栄と資源外交　小長啓一氏インタビュー（要約）…178
田中角栄とロッキード事件　石田省三郎氏インタビュー（要約）…182
ロッキード事件における意思決定　下河辺淳氏インタビュー（要約）…186

# 天皇・マッカーサー会見 関連詳細年表

1945年9月27日 第1回天皇・マッカーサー会見（通訳・奥村勝蔵） 天皇、戦争について遺憾の意を表す

1945年10月1日　マッカーサーに対して、フェラーズ・メモ。「もし天皇が戦争犯罪に問われれば、政府の機構は崩壊し、大規模な暴動が避けられないであろう」

1945年10月11日　天皇、伊勢神宮への親拝を思い立つ。11月13日に参拝

1945年11月23日　天皇、戦後初の新嘗祭

1945年12月10日　木戸幸一、天皇に「退位」進言

1946年1月1日　天皇の「人間宣言」

1946年1月25日　マッカーサー、アイゼンハワー陸軍統合参謀総長あて電報。フェラーズ・メモと同内容

1946年2月4日　マッカーサー、新憲法3原則を示す。①天皇は国家元首、②戦争の放棄、③封建制度の廃止。目的は、天皇の擁護

1946年3月6日　木下「側近日誌」に天皇の言葉、「自分しかいない」

1946年3月18日　天皇独白録（4月8日まで）

1946年5月1日　戦後初のメーデー。「天皇制打倒」、「人民政府樹立」を叫ぶ勢力、宮城の目前に

1946年5月3日　極東国際軍事裁判所開廷

1946年5月22日　第1次吉田内閣発足

1946年5月31日　第2回天皇・マッカーサー会見（通訳・寺崎英成）　新憲法が話題

1946年6月18日　キーナン検事、ワシントンで、天皇は訴追しないと言明
1946年10月16日　第3回天皇・マッカーサー会見（通訳・寺崎英成）　5月19日の食料メーデーや頻発する労働争議に関して、天皇「日本人の教養未だ低く、且宗教心の足らない現在、米国に行われる「ストライキ」を見て、それを行えば民主主義国家になれるかと思う様な者もすくなからず」として、事実上の取り締まりを要請。公布直前の新憲法について、天皇「戦争放棄を決意実行する日本が危険にさらされる事のない様な世界の到来を、一日も早く見られる様に念願せずに居れません」。マッカーサー「戦争を無くするには、戦争を放棄する以外に方法はありませぬ」。↓　9条に対する微妙な評価のちがい。マッカーサーは、「天皇を戦争責任から救い天皇制を維持するためには、戦争放棄の9条を導入する以外になかったという、憲法制定過程への認識があったはず」（豊下）
1946年11月3日　日本国憲法公布
1947年3月17日　マッカーサー、「早期講和」を主張。ソ連を含めた講和条約の調印　↓　国連加入　↓　「中立日本」の安全保障、というマッカーサーの考え（豊下）
1947年5月3日　日本国憲法施行
1947年5月6日　第4回天皇・マッカーサー会見（通訳・奥村勝蔵）　天皇「日本が完全に

軍備を撤廃する以上、その安全保障は国連に期待せねばなりませぬ」、「国連が極東委員会の如きものであることは困ると思います」。マッカーサー「日本が完全に軍備を持たないこと自身が日本の為には最大の安全保障であって、これこそ日本の生きる唯一の道である」、「将来の見込としては国連は益々強固になって行くものと思う」。天皇「日本の安全保障を図る為には、アングロサクソンの代表者である米国が其のイニシアチブを執ることを要するのでありまして、此の為元帥の御支援を期待して居ります」（天皇は9条にも国連にも期待をかけておらず、事実上米国の軍事力による日本の安全保障を求めた＝豊下）。マッカーサー「米国の根本観念は日本の安全保障を確保することである。此の点については十分御安心ありたい」。松井明により明らかになった後半部でマッカーサーは、憲法9条の理想と国連を結びつける発言、「（大陸につながる朝鮮の場合はソ連や中国が）何時たりとも侵攻し得るのであるが日本についてはこの危険性はない」、「日本としては如何なる軍備を持ってもそれでは安全保障を図ることは出来ないのである。日本を守る最も良い武器は心理的のものであって、それは即ち平和に対する世界の世論である。自分はこの為に日本がなるべく速やかに国際連合の一員となることを望んでいる。日本が国際連合において平和の声をあげ世界の平和に対する心を導いて行くべきである」

1947年5月24日　片山内閣発足

1947年9月19日　天皇の「沖縄メッセージ」。寺崎英成、「沖縄の将来に関する天皇の考えを伝えるため」としてシーボルトを訪ね、メッセージを与える。「寺崎が述べるに天皇は、アメリカが沖縄を始め琉球の他の諸島を軍事占領し続けることを希望している。天皇の意見によるとその占領は、アメリカの利益になるし、日本を守ることにもなる。――天皇がさらに思うに、アメリカによる沖縄（と要請があり次第他の諸島嶼）の軍事占領は、日本に主権を残存させた形で、長期の――二十五年から五十年ないしそれ以上の――貸与をするという擬制の上になされるべきである。――

1947年10月10日　キーナン検事、天皇と実業界に戦争責任なしと言明

1947年11月14日　第5回天皇・マッカーサー会見（通訳・米側？）内容不明

1948年1月6日　ロイヤル米陸軍長官、日本は反共の防壁と演説

1948年2月末　ケナン・マッカーサー会見

1948年3月10日　芦田内閣発足

1948年4月6日　米大統領選ウィスコンシン州予備選でマッカーサー惨敗

1948年5月6日　第6回天皇・マッカーサー会見（通訳・米側？）内容不明
1948年6月　ジャパン・ロビーの組織化。アメリカ対日協議会（ACJ＝ジョゼフ・グルー会長）結成
1948年6月2日　ケナン、NSCに対し、包括的政策計画（NSC13号）を提出。復興を「基本目標」であると宣言し、政治および軍事的安全保障を確保する最も確実な方法として、経済成長を支持
1948年10月19日　第2次吉田内閣発足
1948年11月12日　極東国際軍事裁判結審。A級戦犯に判決。精神的危機の天皇
1948年12月23日　A級戦犯処刑。天皇「私は辞めたい」
1949年1月10日　第7回天皇・マッカーサー会見（通訳・米側？）内容不明
1949年2月1日　GHQ経済顧問ドッジ来日
1949年7月8日　第8回天皇・マッカーサー会見（通訳・松井明）国内治安問題を議論
1949年9月25日　ソ連、原爆保有を公表
1949年10月1日　中華人民共和国、成立
1949年11月26日　第9回天皇・マッカーサー会見（通訳・松井明）マッカーサー「主権を回復すると同時に日本の安全を確保する何等かの方法を考えなければならないと思います」、「日本が完全中立を守ることによってその安全を確

保し得るならそれに越したことはありません。然し米国としては空白状態に置かれた日本を侵略に任せておく訳には行きません。日本が不完全な武装をしても、それは侵略から守ることは出来ないでしょう。それは反って避雷針の役割をなし侵略を招くでしょう。日本に安全を与えないばかりか日本の経済を破綻に導くでしょう」、「数年間過渡的な措置として英米軍の駐屯が必要でありましょう」。天皇「ロイヤル国防長官の日本放棄説はその後の否定にも拘らず日本の朝野において尚懸念を抱くものがあります。日本として千島がソ連に占領され若し台湾が中共の手に落ちたならば米国は日本を放棄するのではないかと心配する向きがあります」、マッカーサー「あの声明は誠に不幸な声明でした。然し米国の政策は全く不変です。米国は極東を共産主義の侵略から守るために固い決意を致しております。米国は日本に止まり日本及び東亜の平和を擁護するために断乎として戦うでありましょう」、天皇「御話をうかがい安心致しました」

1950年1月1日　マッカーサー、日本国憲法は自衛権を否定せず、と声明。ブラッドレー米統合参謀本部議長ら来日（マッカーサーと軍事体制強化を協議）

1950年2月1日　ソ連、天皇および数名の元日本軍高官について、細菌化学戦争の計画立案

に関わった罪で「追加戦犯」として国際軍事法廷に付することを求める覚書を米政府に手交

1950年2月10日　GHQ、沖縄に恒久的軍事基地を建設するむね声明

1950年4月5日　マッカーサー、シーボルトと対談、「国連のもとでのすべての関係諸国による日本の安全保障」の持論に戻る

1950年4月18日　第10回天皇・マッカーサー会見（通訳・松井明）　マッカーサー、第9回会見で言及した米軍の日本駐留について、最後まで明言せず

1950年5月3日　池田ミッション、ドッジとの会談で、「米軍駐留を条件の早期講和」との吉田見解を伝える。「もしアメリカ側からそのような希望を申し出でにくいならば、日本政府としては、日本側からそれオファするような持ち出し方を研究してもよろしい」

1950年5月18日　ダレス、対日講和問題の担当を命ぜられる

1950年5月24日　マッカーサー、シーボルトと再会談。国民投票という条件つきながら、「特定の基地」が米軍のために提供されることを定めた条項を含んだ講和条約が必要、という方向転換を示す

1950年6月18日　マッカーサーとの会談のため、ジョンソン米国防長官、ブラッドレー統合参謀本部議長、ダレス国務省顧問来日

1950年6月21日　カーン、ダレスに対し、パケナム邸での夕食会に誘う手紙

1950年6月22日　夜、パケナム邸夕食会。出席者、米側・ダレス、アリソン国務省北東アジア局長、カーン、パケナム、日本側・渡辺武（大蔵省）、海原治（国警本部）、沢田廉三（元外務次官）、松平康昌。ダレス「日本は国際間の嵐がいかに劇しいかを知らないので、のどかな緑の園生に居るという感じである」。カーン「日本に軍事基地を置くとしてどちらから切り出すべきものと思うか」、渡辺「アメリカ及日本の世論を考えると日本から申出る形を取ることがしかるべしと思う」、カーン「吉田首相は反対のようである」。ダレス「アメリカとしては仮に日本の工業を全部破壊して撤退して了ってもよいわけだ。日本は完全に平和となる。しかし日本人はうえ死にするかもしれない。自分は、日本がロシヤにつくかアメリカにつくかは日本自体で決定すべきものと思う」

1950年6月23日　マッカーサー、覚書を出し、大きい方向転換。「日本の全領域が、米国に無制限の自由が与えられた――潜在的な基地として見なされねばならない」。さらに、日本は自衛の権利を持つことを強調

1950年6月25日　朝鮮戦争勃発

1950年6月26日　天皇、ダレスあて「口頭メッセージ」。側近、松平康昌がパケナム・ニュー

ズウィーク東京支局長を通じてダレスに届ける。「ダレスは「多くの見識ある日本人」と議論していない。見識ある日本人は追放されてしまっている」。「講和条約、とりわけその詳細な取り決めに関する最終的な行動がとられる以前に、日本の国民を真に代表し、永続的で両国の利害にかなう講和問題の決着に向けて真の援助をもたらすことができる、そのような日本人による何等かの形態の諮問会議が設置されるべきであろう」

1950年7月　カーン、帰米し、アベレル、ハリマンに天皇の口頭メッセージを伝える。ハリマン、文書化を求める

1950年7月29日　参議院外務委員会で、吉田「私は軍事基地は貸したくないと考えております。単独講和の餌に軍事基地を提供したいというようなことは、事実毛頭ございません」

1950年8月10日　警察予備隊令公布

1950年8月　天皇、ダレスあて「文書メッセージ」。「仮に彼ら(日本の国民を真に代表し、永続的で両国の利害にかなう問題の決着にむけて真の援助をもたらすことができる、そのような日本人)の考え方を公に表明できる立場にいたならば、基地問題をめぐる最近の誤った論争も、日本の側からの自発的なオファによって避けることができたであろう」(7月29日、参院

委員会での吉田発言を真っ向から否定。→　吉田否定、マッカーサー無視、ダレスとの新たなパイプ設定）

1950年9月14日　トルーマン、対日講和交渉開始を指令

1950年9月15日　朝鮮戦争で、「国連軍」仁川に上陸、北朝鮮への反撃始まる

1950年10月3日　韓国軍、38度線を突破して北進（8日、国連軍も突破）

1950年10月4日　外務省、講和と安全保障につき、国際平和を求める国連の要請に基づいて米国がその任に当たるという基本構想作成（A作業）

1950年19月5日　吉田、講和問題につき、各界有識者との会合を開く

1950年10月11日　外務省、安全保障に関する条約案を作成。A作業の国連中心主義を引き継ぐが、国連憲章第51条の集団の自衛権をも盛り込む。国連決議がない場合の米国との集団的自衛権を盛り込む（B作業）

1950年10月21日　吉田、外務当局に対して、非武装地帯案の作成を命ずる

1950年10月30日　トルーマン、朝鮮戦争で原爆使用もありうると言明

1950年10月31日　吉田の私的諮問会議である軍事専門家の第2回会合に、日本の非武装をうたう「北太平洋6国条約案」が提出される（C作業）

1950年11月5日　北朝鮮・中国軍、平壌を奪回

1950年11月7日　「北太平洋6国条約案」の修正第1次案作成

1950年11月8日　中国、10月25日に中国人民義勇軍が朝鮮戦争に出動と発表
1950年11月24日　米国務省、対日講和7原則を公表
1950年12月20日　「北太平洋6国条約案」の修正第2次案作成、12月28日に吉田に提出
1950年12月27日　ダレス会談に向けての準備文書作成。国連中心主義の考え方が姿を消す(D作業)
1951年1月5日　D作業改訂版。米国の日本防衛の共同義務の根拠につき、「合衆国は、日本の平和と安全が太平洋地域とくに合衆国の平和と安全と不可分の関係にあることを認める」という一節を第1条「合衆国の責務」第1項の冒頭に挿入。A作業が避けようとしていた「日本と米国一国との特殊関係に基づく」性格を色濃くした
1951年1月15日　カーン、ダレスに書簡。前年夏の天皇メッセージの「示唆の延長」にある夕食会の誘い。天皇とダレスの直接会見を意図したものだが、ダレスの逡巡によりおそらくは実現せず
1951年1月25日　ダレス使節団来日
1951年1月26日　米使節団のスタッフ会議で、ダレス言明、「我々は日本に、我々が望むだけの軍隊を望む場所に臨む期間だけ駐留させる権利を獲得できるであろうか？これが根本的な問題である」、「我々の提案を受け入れさせることは

困難である。この点でマッカーサー元帥の影響力は決定であろう。彼の援助なしに我が代表団が成功を勝ちとれるかどうか疑わしい

1951年1月27日　外務省、D作業に基づく「対処案」を作成、28日に吉田に提出

1951年1月29日　「対処案」改訂版作成、中立・非武装のC作業案を削除第1回ダレス・吉田会談、会談後マッカーサーを訪問

1951年1月30日　「わが方見解」を米側に手交。「総理によって口述された文言そのものである」とされる文言は、日本は、自力によって国内治安を確保し、対外的には国際連合あるいは米国との協力（駐兵のごとき）によって国の安全を確保したい」。英文では「対外的安全保障に関しては、軍隊の駐留のような適当な方法によって、国際連合、とくに合衆国の協力を希望する」。吉田のイニシアティヴによって、日本側が米軍駐留を希望する、という方向へ大きく転換

1951年1月31日　第2回ダレス・吉田会談

1951年2月2日　米側、「日米協力協定」案を提示。「日本領域内における米国軍の駐屯を日本は要請し合衆国は同意する」という決定的な文言。日本側に裁判管轄権を一切認めない、完全な治外法権を盛り込む。

1951年2月6日　米側、「平和条約」（サンフランシスコ講和条約）、「日米協定」（日米安全保

障条約」、「行政協定」（日米行政協定）案を提示

1951年2月7日　第3回ダレス・吉田会談

1951年2月10日　天皇・ダレス公式会見。ダレス「日本側の要請に基づいて米軍が日本とその周辺に駐留すること」、「日本が自らの防衛のために必要な手段をとるまでの暫定措置」。天皇「衷心からの同意」。ダレス「講和条約の実現に向けて、天皇の権威と「確たる影響力」に期待しつつ、その「支援」を要請」。天皇「言わんとしたところは十分に了解している」

1951年2月11日　ダレス、「日本が希望するなら米軍駐留を考慮」と声明、フィリピンに向けて離日

1951年2月14日　吉田、「交渉の経過」について、天皇に内奏

1951年3月24日　国連軍最高司令官マッカーサー、中国本土攻撃も辞せずと声明

1951年4月11日　トルーマン、マッカーサーを解任、後任にリッジウェイ

1951年4月15日　第11回天皇・マッカーサー会見（通訳・松井明）

1951年4月16日　ダレス来日。マッカーサー離日

1951年4月18日　ダレス・リッジウェイ・吉田3者会談（第2次交渉始まる）。吉田、ダレスとの会見で、「華府（ワシントン）が会議地になると、自分は、内政に対する責任から、行けない。佐藤（尚武）参議院議長にお願いするつ

もりでいる。以前は、故幣原議長を考えていた。東京で開催されるなら、自分が全権として署名する」

1951年4月22日　天皇・ダレス第2回会見。フィリピンの賠償請求への対応策など議論

1951年6月4日　ロンドンで、米英会議開催。米英の対日平和条約案を作成

1951年6月24日　米国務省アリソン公使来日（第3次交渉始まる）

1951年7月7日　サンフランシスコ開催が日本側に最終的に伝えられる。シーボルトがワシントンに送った報告では、吉田はこれ以降も「サンフランシスコの選択が全権の任務を人に託す格好の機会を与えるものとみなす、そのような兆候がいよいよ高まってきた」

1951年7月9日　ダレス、吉田に私信。「一日でも二日でもいいから、総理御自身おいでになる可能性を閉ざされないよう希望します」

1951年7月12日　ダレス、シーボルトへ書簡。「もし吉田がサンフランシスコに来なければ連合諸国に「苦々しい印象」をあたえることになるであろう」と警告。吉田への私信を託し（シーボルトは16日付で吉田に送付）、米国が国務長官をはじめ上下両院の超党派の有力メンバーを講和会議の代表団に任命することを伝え、吉田が参加することが両国の偉大な目標への「多大な貢献」になることを改めて強調

1951年7月13日　吉田、「第3次交渉の経過」につき、天皇に内奏

1951年7月19日　朝、吉田、天皇に拝謁。吉田、全権団を率いることに同意（井口外務次官による）

1951年7月27日　アチソン国務長官、シーボルトに「極東条項」追加を指示

1951年8月10日　ダレスの意を受けたシーボルト、井口外務次官に要請。「日本の全権委任状に天皇の認証あることを明示されたい」、「全権は陛下におかせられて謁見式を行われるような方式で公表されたがよろしかろう」、「これは、今度の平和条約が天皇陛下によっても嘉納されているおることを世界に明らかにするためである」、またシーボルトの「考案」として「松平（康昌）式部長官を全権団に参加させてはどうか」。外務省事務当局、松平の件のみ「実現困難」と回答

1951年8月25日　安保条約最終案文確定

1951年8月27日　吉田、天皇に内奏

1951年9月1日　米国、豪州、ニュージーランド、太平洋安全保障条約（ANZUS）調印

1951年9月8日　サンフランシスコ講和条約、日米安全保障条約調印

1951年12月18日　天皇・ダレス第3回会見。講和会議の結果と朝鮮戦争の見通しについて議論

1952年2月28日　日米行政協定調印

1952年4月28日　ダレス、天皇に感謝の個人メッセージ。「双方に関係する諸問題について、互いに議論し合う機会を数回も与えられたことへの感謝」

1953年1月27日　ダレス、「巻き返し」政策演説

1953年7月27日　朝鮮休戦協定調印

# 第1回　主権はだれの手に——岸信介〜安倍晋三

この国の政治は、米国との関係抜きには語れない。その存在はあまりに重く大きく、首相によっては、米国の意向が何よりも気にかかるようだ。日本の主権者は一体だれなのか。この問いの淵源を、現在の首相、安倍晋三の祖父である岸信介、それに吉田茂、佐藤栄作、田中角栄の4人の実績と思想に探っていきたい。（文中敬称略）

安倍晋三首相は1952年にサンフランシスコ講和条約が発効した4月28日を「主権回復の日」として記念式典を開くことを決定した。この日を「日本から切りはなされた屈辱の日」と沖縄が反発しているのに、である。同じ首相が、3月22日には、米軍普天間飛行場の辺野古移設のための埋め立てを沖縄県に申請した。辺野古移設に対して沖縄全県を挙げて反対し続けているにもかかわらず、である。

記念式典を開いて祝う「主権回復」とは一体何なのだろうか。

その一方で安倍は、環太平洋経済連携協定（TPP）の交渉参加に向けた日米合意を成立させた。辺野古移設や日本のTPP参加が米国にとってきわめて歓迎すべき事態であることは多くの識者が認めているところだ。むしろ、この国の主権者は米国なのではないか。こんな疑問もわいてくる。

星条旗がはためく沖縄本島の米軍北部訓練場。そこに接する東村高江地区の、ある「土地」を訪ねた。周りには樹木が隙間なくびっしりと生い茂っているのに、その場所は、周囲とはまったく異なる貌を見せていた。

1千平方メートルはあるだろうか。平らな赤土が楕円形状に広がり、ほとんど植生はない。太陽の光を浴びた赤土の上に、ぽつぽつとまばらな形を落とすのは高さ30センチほどの小さな松の木だけ。まるで人工的に造られた空き地のようだった。

案内をしてくれた地元の人の説明を聞いて驚いた。その裸の土地は、１９６０年代に米軍から返還されて以来、そのままの状態だというのだ。つまり、ほぼ50年もの間、沖縄の太陽の恵みを受けながら、この土地だけはなぜかほとんど不毛の状態にあるということだった。

「何十年という年月をかけて松はこれだけしか育っていない。あまりに不自然だ。沖縄が米軍のあらゆる兵器の貯蔵庫になり、訓練場になっていることを考えると、この土地に何かがあったとしか考えられません」

案内してくれた屋良博一（67）は、琉球大学農学部出身。この不毛の土地の謎を推理する中でたどり着いた結論は、ベトナム戦争で使われ、先天的な奇形など重い障害と悲劇を生み出した「悪魔の化学兵器」枯れ葉剤が、ここで散布されたか貯蔵されていたかしたのではないか、ということだった。

疑われる強い証拠がある。米軍が沖縄の北部訓練場などで枯れ葉剤を使用したのではないかと、実は以前から指摘されていた。１００人を超える米軍元将兵が沖縄での枯れ葉剤被害の救済を米政府に訴え、そのうちの何人かが枯れ葉剤散布などを自ら証言している。２００７年ごろには、沖縄の自然保護団体が、体が溶けたような奇形の両生類や爬虫（はちゅう）類が、北部訓練場の隣接地域で多く発見されていると報告もしている。

さらに、2011年9月には、米陸軍の元高官が、「沖縄タイムス」の取材に、1960年から約2年間にわたり北部訓練場内とその周辺一帯で強力な枯れ葉剤「オレンジ剤」を試験散布していたと証言している。それによると、

「気候や立地状況などがベトナムのジャングルに似ていたことから、実戦を想定した」


とのことだった。

しかし、米国防総省は沖縄での枯れ葉剤散布や貯蔵を全面否定した。米国の回答を受けた日本政府には、実態調査に乗り出す姿勢は微塵(みじん)もない。

1969年7月18日、米紙「ウォールストリート・ジャーナル」は沖縄の米軍基地で猛毒の致死性ガス、VXが漏れて米兵25人が入院したというスクープ記事を掲載した。米国防総省はすぐに、漏出したのはVXではなく神経ガス、サリンであると発表した。同20日の朝日新聞は「沖縄米軍消息筋」の情報として、沖縄は極東最大の化学兵器貯蔵基地であることを明らかにした。

### ◇◇「集落も米軍の訓練場なんだ」

沖縄の施政権は1972年に日本に返還されたが、化学兵器が沖縄に貯蔵されているという問題が次々に報じられたのは、まさに施政権返還交渉のさなかだった。しかし、当時の佐藤栄作政権は、化学兵器の撤去を米国に強く求めることはしなかった。それどころか、本来米国が負担すべき土地の現状回復費用を日本が肩代わりしてやり、そのことを最後まで隠し通そうとした。

化学物質などで土地が汚された場合、汚した側が責任を持って原状回復に努め、その回復費用を弁償するのがどこの世界でも「常識」だ。しかし、日米間ではその「常識」は通用しない。沖縄返還前、米軍は、用のなくなった化学物質をドラム缶に押し込んで地中に隠した。その事例の数々は、琉球新報や琉球朝日放送など沖縄の地元メディアが暴き続けている。

佐藤栄作の実兄、岸信介は首相当時、沖縄返還に先立つ1960年、日米間の「より対等な関係」を目指して、日米安全保障条約を改定し、米軍の日本配備のための「日米地位協定」をアイゼンハワー米政権との間で結んだ。しかし、その地位協定には、より対等な関係であれば「常識」であるはずの項目が欠けていた。

まず、日米地位協定第4条1項。この条項によれば、米国には、汚染してしまった日本の土地を原状に戻す義務も、回復費用を補償する義務も一切ない。化学物質が散布されてその土地が半永久的に不毛状態になろうと、えたいの知れない液体が詰まったドラム缶が地中から大量に発見されようと、その責任が追及されることはない。

その土地がある高江地区周辺では現在、ヘリコプターの着陸帯であるヘリパッドの建設が進んでいる。住民160人ほどの高江地区を取り囲むようにして六つのヘリパッドを造り、森林地帯でのヘリ訓練を行うようだ。そして、このヘリパッドを使うのが、事故が多く「未亡人製造機」とも呼ばれたオスプレイだ。

オスプレイはすでに高江地区上空を飛び始めており、住民によれば、その飛行騒音は現在のCH－46Eに比べて格段に重く、近くを飛べばテレビ画像が乱れるという。

「われわれの集落を含めての訓練場なんだ。目標がないと訓練にならない。だから学校や住宅の上をわざわざ飛んだりするんです。米軍にとって、われわれは何かの目標なんだ」

こう語る高江地区住民の伊佐真次（51）は、建設反対の座り込み運動などを繰り返し、国から「通行妨害」で訴えられて、那覇地裁で通行妨害禁止命令を受けた。伊佐は福岡高裁那覇支部に控訴、控訴審の判決を待つ段階だが、国が住民を恫喝して黙らせる「スラップ訴訟」と位置付け、あくまで闘うことにしている。

「オスプレイは危険だと言われているし、そんなものの着陸帯が周りに6カ所も造られてぐるぐる飛ばれたらたまらんですよ。工事のダンプカーが来たときに、やめてくれと手を挙げたのが写真に撮られて訴えられました。自分たちの生活を守るための言論や表現の自由がまったく無視されているんです」

地区を囲むようにして建設計画が進むオスプレイのヘリパッド。貯蔵や散布が強く疑われる枯れ葉剤。これらの事実や疑惑を前にすると、「われわれは何かの目標なんだ」という伊佐の言葉が現実味を帯びて響く。実は高江地区の住民には、この言葉につながる消しがたい強烈な記憶があった。1960年代のベトナム戦争時の体験だ。

私の手元に一枚の写真がある。1964年8月26日、沖縄の北部訓練場内の「ベトナム村」を舞台に行われた軍事演習の風景を撮った写真だ。貴賓席のような場所から眺めているのはワトソン高等弁務官を中心とする米軍幹部たち。「ベトナム村」に向かって、左方から近づいてくるのは海兵隊員たちだ。この海兵隊員たちが、村に隠れていたベトコン役の沖縄の住民をとらえて演習終了というシナリオだった。

役柄とはいえ、住民たちは文字通り標的以外の何者でもなかった。オスプレイが学校や住宅の上空を飛ぶのも標的を狙う訓練なら、強く疑われる枯れ葉剤の散布、貯蔵も実戦前の試験だったのではないのか。

日米地位協定第5条2項は、オスプレイなどの米軍機が基地間を自由に移動する権利を定めている。このため、米軍機が基地間移動を名目に、日本全国の上空を飛び交うことになる。さらに日米地位協定を補足した航空特例法によって、米軍機には地面や建物などから150メートル以上の高度を保たなければならないという最低安全高度の規制が免除されている。

「1957年には茨城県で、自転車に乗っていた女性が超低空飛行の米軍機に引っかけられて胴体を二つに切られてしまう事件が起きた。どんな低空飛行だ。そんなことを許している国があるか。よその国に来て、どうしてそんな訓練をしなければならないのか」

日米地位協定の問題を追及している沖縄国際大学教授の前泊博盛は、憤りをもってこう語る。前泊によれば、同じ第2次世界大戦の敗戦国であるドイツやイタリアでは米軍機の低空飛行は実質的に禁止され、韓国では米軍基地内の汚染については各自治体が基地に立ち入り調査できる共同調査権が設定されている。

さらに時代錯誤の項目が日米地位協定には存在する。第17条の刑事裁判権。この条項によって、政府は米国の実質的な「治外法権」を認めている。前泊は言う。

「米兵が罪を犯しても罰することができない最大の原因となっている条項です。しかし、こんな治外法権を許している現代の独立国があるでしょうか。外務省はこういう問題を知りながら頬かむりしているのです」

安倍が記念式典を開催して祝おうとする「主権」の実態とは、こんなものだ。

2013年2月22日、オバマ米大統領との初めての会談に臨んだ安倍は、昼食会の会場に移動する途中でオバマに一本のゴルフパターを手渡した。山形市にある山田パター工房製で、世界的に定評のあるパターだ。

「Get in the hole!（パットを入れろ）Yes, we can!（われわれならできる）」

と安倍は呼びかけ、オバマの口元を緩ませた。

安倍は、祖父の岸が訪米して日米首脳会談に臨んだ際、当時の米大統領アイゼンハワーからゴルフに誘われて、打ち解けた関係を築くことができたというエピソードを紹介し、パター贈呈の「歴史的意味」を伝えた。

同日午後4時、オバマとの会談後、安倍はワシントンにある米戦略国際問題研究所に移り、英語での講演に臨んだ。「ジャパン・イズ・バック」と題された講演だった。

日本を自在に操るという意味でジャパン・ハンドラーと呼ばれるリチャード・アーミテージやジョセフ・ナイらの問題提起に答える形で、安倍は防衛予算の増額を明言し、TPP参加を示唆した。ジャパン・ハンドラーたちが課した宿題に対し、優等生の回答を見事に示すことができたようだ。

「みなさん、日本は戻って来ました。私の国を、頼りにし続けてほしいと願うものです」

安倍は、こう締めくくった。「日本」はともかく、安倍の記憶はどこに戻っていったのか。

私はその淵源をたどるべく、安倍が講演を始めたころ、まさにその記憶の門の前にたたずんでいた。

ワシントン郊外の名門ゴルフ場、バーニングツリー・クラブ。どっしりとした門柱には番地を示す「8600」という数字があった。航空機のジェット音が響く曇天の下、中をのぞくと

「ＭＥＭＢＥＲＳ　ＯＮＬＹ」の立て札があり、遠くにクラブハウスが見えた。

１９５７年6月19日午後、このクラブハウスにアイゼンハワーと岸の姿があった。午前中にワシントンに到着したばかりの岸をアイゼンハワーが誘ったもので、回顧録の中で岸が後々まで振り返り、56年後には孫の首相が時の米大統領に自慢するほどの逸話だ。

このクラブは「女人禁制」でも有名で、米国、日本ともに政財界の大物でなければ会員になれない。このときはアイゼンハワーと外務政務次官の松本滝蔵がペアを組み、岸と米上院議員プレスコット・ブッシュのペアと対抗した。この上院議員は後の大統領、ジョージ・Ｗ・ブッシュの祖父である。

結果はイーブン。クラブハウスに戻ると、日米両首脳は肩を並べて裸でシャワールームまで歩き、文字通り「裸の付き合い」を始めることになったという。

その付き合いの結果、安保条約は改定され、行政協定の後継である日米地位協定が結ばれた。この協定の現実の姿は、これまで見てきた通りだ。

このとき、アイゼンハワー66歳、岸は60歳。年齢はそれほど離れてはいなかったが、直前までの境遇には驚くほどの落差があった。一方は戦勝国のヨーロッパ戦線連合国軍最高司令官。もう一方は敗戦国の閣僚で戦争犯罪人だった。

## ◇長州志士たちに自らを映した岸

アイゼンハワーは青年時代にニューヨーク州ウエストポイントの陸軍士官学校に入学、軍隊一筋に生きてきた。第2次世界大戦ではノルマンディー上陸作戦の指揮などで成功を収めたが、それまでの出世は遅かった。少佐時代が十数年も続くなど、恵まれた軍隊生活を送ったわけではない。戦後、連合国軍最高司令官に就いたマッカーサーの副官としてフィリピンにいたこともある。19世紀後半から20世紀にかけて西太平洋に進出した米国勢力の大きい波の中にいた人物だ。

一方、岸は日清戦争が終わった翌年の1896年に現在の山口市で生を受けた。父親の佐藤秀助が山口県庁に勤めていたときの子で、岸以外の兄弟姉妹はすべて山口市から60キロほど東に位置する田布施町で生まれている。

岸とその実弟、佐藤栄作の家族関係は少々ややこしい。信介と栄作の父・秀助は岸家の人だったが、田布施の佐藤家の娘と結婚、佐藤家の分家の形で佐藤姓を名乗ることになった。その子の信介は中学生のときに、父・秀助の実家、岸家に養子として入った。ちなみに栄作は後に婿養子の形で叔父の娘と結婚したために佐藤姓を変えることがなかった。

信介は山口市に生まれたが、栄作同様その少年時代を田布施で過ごした。信介、栄作兄弟の実家はすでに人手に渡り、今は影も形もないが、その跡は見ることができた。

敷地は小川沿いにあって、車道から一段低くなっていた。敷地から通りに出る場所には幹が斜めに傾いた梅の木が薄桃色の花を咲かせていた。老木のようで、信介、栄作の子供時代からあったとしてもおかしくないように見えた。

信介が子供のころに泳いで遊んだという小川と小川の合流地点にも行ってみた。小川とはいえ、流れの合流地点のためにかなりの深みになって、夕暮れの中でその色は黒みを帯びている。少年たちには格好の肝試しの場所になっていただろう。

信介は山野の遊びに夢中になる一方で、曽祖父、佐藤信寛の実績を追い、誇りを胸にする。

岸研究で有名な東京国際大学名誉教授の原彬久（よしひさ）によれば、信寛は吉田松陰とも交際があり、軍学長沼流を松陰に教授した。さらに、伊藤博文や井上馨、木戸孝允（たかよし）らとも交友関係を結び、明治維新を導いた長州の志士たちとは深い関係があったという。

岸に長時間インタビューし、『岸信介証言録』にまとめた原は、〈父親の秀助の話には熱意を示さない岸が、信寛のことになると途端に熱を帯びた口調になることに気が付いた。

〈岸にしてみれば、吉田松陰、伊藤博文、井上馨、木戸孝允ら明治維新の烈々たる個性は、信寛という身近な血縁を介してみずから追体験できるのであった。岸がこれら維新の志士

たちに明日の自分を投影したとしても不思議ではない〉

原は、その著書『岸信介――権勢の政治家』でこう書いている。

長州閥の維新の志士たちは、19世紀後半、西太平洋に進出してきた米国の黒船に驚き、世界史の潮流の中に小さな船で乗り出すことになる。それから数十年を経た20世紀前半、岸はその大きい流れの中で軍部と結び、太平洋の覇者、米国とその覇を相争うことになる。しかし、岸もアイゼンハワーも、そのころはまだお互いの存在を知らない。

## 沖縄の基地撤去運動

伊佐真次氏、屋良博一氏、山里昌毅氏インタビュー

### ❖7歳の女の子まで訴えられた

――伊佐さんは高江（たかえ）にお住まいで、ヘリパッドの建設反対運動をされておられますが、まず当時の高江の状況はどのようだったのか、お話しいただけますか。

**伊佐真次**（以下、伊佐）：２００７年は7月からヘリパッドの工事を着工するという報告を受けて、それまでに地元では2度も反対の決議を上げてるんですね。国に対して止めてくださいということを言いました。県に行ったり防衛局にも行ってます。それでも２００７年につくるということを宣言したものですから、もう残された道は現場で座り込んで工事をさせない、ということから始まったんです。

そういう状況がずっと続いていて、翌２００８年の11月に沖縄防衛局は原告として、住民15人を通行妨害禁止というような仮処分の手続きを那覇地裁に申し立てたんですね。そこから裁判が始まっていきました。この訴えられた人たちとい

うのは高江の人たちが中心ですけれども、15人中1人だけ那覇市民。この人は女の人ですが、どうして彼女が訴えられたかというと、わたしたちと一緒に当時の那覇防衛施設局に一緒に行って中止要請をしたわけです。その際、室内に入る時に名前を書くのですが、申し入れに行っただけで妨害者として扱われたわけですね。そういうことがあります。

あとの14名は高江の人たち、わたしたちが座り込みをしている人たちです。それが夫婦だったり親子だったり、あとは人違いもいたんですけどね。パイナップルをこのテントに差し入れた人、そういう人まで通行妨害をしているということになりました。

——人違いですか。

**伊佐**：はい。それに、座り込みをしている一組の夫婦に7歳の女の子がいるんですが、その子まで何の証拠写真もなく訴えられました。あんな小さい子が「わたしも牢屋(ろうや)に入るの？」というぐらいショックを受けています。これには抗議が殺到しまして、真部(まなべ)という当時の防衛局長がすぐに訴えを取り下げました。といってもそれは裁判をスムーズに進行させるためであって、決して「すみません」ということは一切ないですね。

その通行妨害をしたという証拠として向こう側が挙げてきたのが、たとえば、冊子やブログで座り込みの参加を呼びかけたとか、そういうことでした。仮処分の段階では、さすがにこれは妨害に当たらないということになりましたが。結果、仮処分の決定は15名から14名になり、最終的には2人になりました。わたしともう1人が妨害者として認定され、あとは却下されました。国がそういうことをやっているこ と自体が本当に異常ですよね。

――そうですね。

**伊佐**：仮処分というのはあくまで仮の裁判であるということで、こちらから「起こすなら起こせ」と言ったわけです。そうしたら国が本訴を起こしてきた。

どうしてわたしたちがそのような態度をとったかというと、仮処分を起こした当時の政権は自民・公明政権だったんですが、あの自公政権が起こした馬鹿みたいな裁判を、新しい民主党政権が引き継ぐことはないだろう（笑）、そのように期待を少ししたんですね。ところが同じように、また民主党政権もこの裁判を引き継いでやってしまった。高江を応援している民主党の県議もいましたけれども、「よもや、わたしの民主党がそんなことをするのは許せん」と言って、まあ、これだけが理由ではないですけれども、しばらくしてからその県議は民主党を離党しました。

### ❖証拠の「切り取り」

**伊佐**：彼はそれで一審判決が出て、訴えられたわたしたち2人のうち、彼は妨害していないという形になり、わたしが妨害者になりました。これはやっぱり不服だということで控訴しました。

どうして2人からわたしだけになったかと言うと、「伊佐はゲートの入口でスクラムを組んでいた」とか、「トラックの前で手を上げて資材の搬入を妨げた」とかね。決して暴力的な阻止活動みたいなことはしていません。本当に相手にも触らないし資材にも触らない。ぼくらの気持ち的には、ここに住んでいるものですから、オスプレイは今まで事故も起こしているし、そういう危険なものがわたしたちが住んでいる周りでグルグル空を飛んだり訓練されちゃ、「そらもう、たまらん」というような純粋な気持ちです。ですから「やめてくれ」という意味でただ手を上げただけなんですよ。

――人間の本能として、そのようなジェスチャーというか動作は当然しますよね、

「やめてくれ」と。それが証拠とされた。

**伊佐**：防衛局がこちらに来る時は、ビデオカメラ3台ぐらいであちこちから撮っていますからね。それに映った、手を上げた瞬間の数秒間を切り取って(笑)、写真にして証拠として提出したんですね。

画像だけではなくて、声も切り取られました。その時は、地元住民の皆さんと防衛局職員とが抗議し合ったり、あるいはお互いに談笑も含めた状況になっていて、わたしは後から遅れて行った。もう長時間にわたっていたので、「立ち話もなんだから、座ろうよ」というようにわたしが言ったわけですが、ビデオの声に入っていたわたしの声のうち、その「座ろう」と言った部分だけを切り取って、わたしが「座り込み」の指導をした「妨害者」みたいにされました。

――本当に不安というか、完全に生活が侵されていて、さらにそれは厳しくなりそうだ、それをやめてくれ、というのは当然のことですよね。それに対して、本来は守るべき国が住民を訴えるというのは、これは完全に逆立ちしてますよね。

**伊佐**：そうです。だから、このスラップというものの定義、これをつくり上げてもらいたいですね。国会でちゃんと法制化して、スラップと分かった時点ですぐに取り下げるようにするとか。アメリカではそのようになっているようです。あるいは、悪質なスラップなら逆に罰金を要求するということもできるらしいです。そういうようにしてやっていかないと、本当にちょっとした反対運動で全部弾圧されてしまうなら、自由にものの言えない時代がくるんじゃないかと、本当にそんな気がするんですよ。この裁判に負けると、「国の政策に歯向かう者は妨害者」というようなお墨付きを与えてしまうわけですですから、本当に今回の裁判は負けてはいけないないなと思っています。

## ❖秘匿されたオスプレイ

**伊佐**：住民説明会というものもありましたけど、住民が聞きたいことに本当に答えていないですね。たとえば、向こう側の説明としては、「環境影響評価も出したしアセスもしました」と。「何種類も動物がいる、植物が……」ということは調べて、「それに負荷を与えないような工事をします」というような、説明というよりも写真を見せて、スライドを見せて、「こんな工法でやります」、「ああいう工法でやります」というような説明だけでした。

わたしたちの質問は、「じゃ、そこにはどういった機種が飛んできて、どういうルートを通って、どんな訓練をするのか？」というようなことを聞きました。そうしたら、「米軍の運用上の問題は答えられない」ということで一切答えないわけですね。そんな答えられないようなことで本当にこれをアセスというのか、そのようなことです。機種も答えられないということはおかしいし、一応、CH－53というのが大型ヘリでありますけど、「これに対応したヘリパッドだ」というような言い方をしていました。

――なるほど。

**伊佐**：「だけど、完成後に来るのはオスプレイじゃないのか？」という質問をしても、「それには答えません」ということを、ずっと言い続けていたわけですね。去年の6月ですよね、「オスプレイがここに来ます」と米軍が言ったのは。そこからぼろぼろと、やっと少しずつ言い始めたんだけれども、この説明会の際も、「もしもオスプレイがここに飛んで来て訓練するようでしたら、説明会を設けないといけない」と、当時の防衛局長は言ったんです。それなのに、未だにその説明会も何もない。

これに対しては、やはりわれわれは抗議をしている。それを思い通りに行かないからといって、司法を使って弾圧をしてくるということで、二重にも三重にもおかしい行為をやっているわけですね。

――なるほど。最初の説明会はいつだったのでしょうか?

**伊佐**:2006年と2010年、2回あったと思います。

――「オスプレイが来るのではないか?」ということが分かったのは、いつ頃でしょうか?

**伊佐**:これは「SACOの最終報告」というもので、SACOでは当初、盛り込まれていたらしいですね。ところが、最終報告でそれは消されていました。詳しい人の話だと、日本政府の方が、「オスプレイの運用に関しては発表しないでくれ」というふうに言ったと伝えられています。オスプレイを利用するとなれば反対運動がもっと大きくなるだろう、そのようなことを見込んで発表しなかったのではないかという話です。

**屋良博一**(以下、屋良):1998年に国会で追及してますけど、政府は答弁してないんですよね、辺野古に配備するというのは。ただ、オスプレイはSACO合意の時に、彼が言ったようにすでに配備するというのは分かっていて、日本政府としては、これを今やったらさらに基地闘争が生まれるということで伏せたんです。

――なるほど。

**伊佐**：しかも、もうCH－46の後継機だというようにも伝わっていましたから、その機種との交替だというような言い方をしていますけれども。だから、どっちみちCH－46は使わなくて新しい機種を使うわけですから、これはもうオスプレイに決まっているわけです。そんな分かりきったことをずっと隠し通してきた。それに関してはやはり国に対しての不信感というのが大きいですよね。

――先ほど民主党のお話をされましたけど、国会議員というのは、この高江の問題については動くような人はいないんですね？

**伊佐**：結構、国会の中でも追及したりしています。沖縄の野党議員はもちろん、今は落選してしまいましたけど、仁比聡平(にひそうへい)さんが参議院で、先ほど話した7歳の子の件に関して、玄葉光一郎(げんばこういちろう)、防衛副大臣だったと思うんですけど、彼に対して追及したことがありました。すごい迫力がありました。今も沖縄の5人の国会議員、野党の国会議員が明日、中に入って視察します。みんな結構、動いてはいるんですよ。

――「中に入る」とはどういう意味ですか？

**伊佐**：米軍基地内に入るということです。われわれは入れませんけど、国会議員には何かあるのかな。

**屋良**：国政調査権。それを使って入ります。

――こうして地図を見ると、高江が確かに囲まれている感じがしますね。

**伊佐**：そうなんですよ。しかも、今までにないような訓練をしようとしているのがわかるんです。ここに宇嘉川（うかがわ）という提供水域があますけど、これは以前なかったんですね。ここは歩行ルートなんです。海に兵隊を降ろして、その歩行ルートを通ってヘリパットに、そしてこのヘリパットから乗ってどこかへ行く、あるいはその逆とか。そういうように歩行ルートと水域も使った今までにない訓練をここでやろうとしています。だから決して整理縮小ではないですね、新しい機能も加えて基地を強化する、そのようなことだとわたしたちは思っています。

**屋良**：新しく提供水域になった所、そこがアメリカでオスプレイが訓練している地形とまったく似ているんです。だから、ヘリパットがつくられるというのは提供水域も含めて、オスプレイをねらってすでにＳＡＣＯ合意以後の計画というのは入っているということなんですよね。

――高江にしてみれば、この北の方にたくさんあったヘリパットが、ずっと近づいてくるということですよね？

**伊佐**：そうです、周りに集約されるような感じです。この広かった北部訓練場が半分になって、しかもヘリパットが増えて集中するわけですよ。過密状態になっていくわけだから危険も増すということです。

——しかも、それがオスプレイだということで、やはり非常に不安ですよね。アメリカや日本政府は、「いや、安全なんだ」というようなことを言っているようですが、その辺もすぐには信じがたいですよね。

**伊佐**：そうですよ。まだ沖縄で墜落はしていないけれども、すでに落下事故は起こってますよね。

——水筒ですね。

**伊佐**：そんな物でも上から落ちれば爆弾と同じですよ。

——高江にヘリパットができるとしますよね、そうするとオスプレイというのは常時ここにいることになるんですか？

**伊佐**：いや、ここは訓練場です。普天間から飛んできて、ここで訓練をして帰るので、ここに常時いるということはないです。ここは補給もできないし、必ず帰ります。

——訓練場ということで、しょっちゅう来るということですよね、ほとんど毎日のように。

**伊佐**：毎日は来ないですけども、しょっちゅう来ています。だけど、22カ所のヘリパットを全部使っているかというと、そうでもないようなんですよね。使えない所もあったりする。そうであるなら、それを少し整地してやればいいんじゃないかとか、ぼくらの意見はそういうことなんですけど。「新たにつくる必要はないんじゃないの？」ということです。

――確かにそうですね。しかも、何でこんなに人が住んでいる所に集中して来るんだということですよね。

**伊佐**：最近それは本当に思うのですが、集落を含めての訓練場だということです。やはり目標がないと訓練にならないわけですよね。宜野湾（ぎのわん）でしたら普天間飛行場の周りは全部住宅やら学校、教会などの公共施設がたくさんある。そこを飛ばないとしょうがないわけです。必ずその上を通るわけですよ。だけど、ここはこんなに緑があって家のない所がたくさんあるのに、わざわざ学校の上を通ったりするんですよ。住宅の上を通ったり。

それはなぜか？　やはりそこを目標にしているのではないかと思うんですよ、やっぱり。これだけ、「住宅の上は飛ぶな」と言っているし、政府も、「飛ばさないようにします」と言っているにも関わらず、必ず飛ぶんですよね。約束はとにかく守らないのが米軍ですから。だから、家も学校もやっぱり何かの……、そこで攻撃ということではないにしろ、何かの目標としてあるんじゃないかと。

——なるほど。

## ❖高江は擬似ベトナム村だった

——高江というと例のベトナム戦争の時の、歴史的な写真がありますよね。あのことは当然ながらよくご存じだと思いますが、やはりお父さんとかお母さんとか、あるいはおじいちゃんおばあちゃんとか、そのお話は聞いたことありますか？

**伊佐：**わたしがここに引っ越してきたのは21、22年ぐらい前だから、その頃のことは分からないです。でも、ここの人の話を聞くと、確かにそういう訓練はあったと、男は駆り出されていったという話も聞きます。

——男は駆り出されてどこに行ったんですか？

**伊佐：**訓練場に行って、ようするにベトナム人の衣装を着せられて訓練に参加させられたということです。いわゆるベトコンのような役割をさせられて参加させられたということです。いろんなトラップ、わなを仕掛けたり、落とし穴とかをつくったりしていたみたいですよ。本当にベトナムのジャングルを想定した訓練を以前はしていたということです。

——写真を見ると集落みたいなものがありますが、これは人工的な集落でしょうか。

**伊佐：**あれは訓練のためにつくったベトナム村というものです。

——写真を見ると女性が多いような気もします。

**伊佐：**女性もいましたね。子どももいるという話でした。わたしは沖縄市の中部の泡瀬（あわせ）という所の出身ですが、高江にずっと住んでいらっしゃる方はわかる人もいます。知っていても言いたくないという人もいますね。

——一番端的なこととして、撃たれてしまうというような事件もいくつかあるわけですけども、撃たれないまでも、よく聞く話としてヘリコプターの銃がこっちを向いているとか、そんな話を聞きますか？

**伊佐：**それは今でもありますよ。わたし自身はないですけど、話を聞くとそれはありますね。銃を向けなくても、とにかく銃を持っているというのは見たことありますよ。その辺を通りますから、まさにいつ銃を向けられてもおかしくないという感じです。弾は入ってないとしても、そういう物を持つこと自体が恐ろしいものですよね。ドキュメンタリー映画の『標的の村』にもいろいろ出てきます。

**伊佐**：米軍というのは一旦奪ったものは返さないというのが基本的にあるようですね、既得権益を利用して。だから、ここも「返還」ではなくて「条件付き返還」、普天間も「条件付き返還」。普天間はそのまま返せば良いだけの話ですが、「新たに新しい基地をつくらないと返さないぞ」と。

――そうですよね。

**伊佐**：「泥棒が何を言ってるんだ」と言いたいですよね（笑）。

――必ず最後にごねる。

**屋良**：返還された所は、すべて代替を要求してつくらせているんですよね。代替ができないから、那覇軍港にしても返してないんですよ。軍港移設反対ということで有名な「象の檻」にしても、新しくつくってから返還したんです。それと、1972年に返還された米軍基地は、すべて自衛隊がつかっているんですよね。40箇所あるんですよ、沖縄の自衛隊基地というのは。

――そうですか。

**屋良**：考えられないですよ。米軍基地が負担軽減して、代わりに基地としての役割というのは全部自衛隊が取って代わっているんですよ。数として米軍基地は34カ所しかないんですよ。面積としては国土の0・6％の沖縄に74％の米軍基地がある。代替した軍港ができるし、訓練場が目の前にあるし、弾薬庫があるし、一石二鳥どころか三鳥四鳥の効率的な、機能的な軍事基地ができあがっている。だから、ごねるんですよ。

**伊佐**：最近のニュースで言えば、4・28の式典を行うと安倍首相が言ってますが、沖縄にすれば、あれは屈辱の日であって、安保条約を押し付けられた歴史を持っているわけですよね。そこで式典をするなどというのはもってのほかで、沖縄の歴史をわかってないんじゃないかと。あるいは無視をしてやってますよね。

日米安保があるからこそぼくらが基地を押し付けられて生活も苦しい。アメリカが日本を守るということは幻想ではないか。だから、その意味でぼくらは安保の犠牲なんです。

## ❖最新武器の試験場としての沖縄

**屋良**：沖縄に安保条約が適用されたのは1972年以後、つまり返還された後。その前はサンフランシスコ条約の3条によって、米軍の占領下の継続があったんですよね。1970年に米軍が伊部岳（いぶだけ）という所に砲座をつくって大砲も置いて、

「演習しますよ」「射ち込みますよ」という連絡が入ったんですよ。それに対して国頭村の皆さんが怒って、議会を召集して反対を決議して、有刺鉄線を張られているのを全部剥がして、みんなで山の上に登っていって阻止したんですよ。このように復帰前の闘争では、米軍と直接対峙しているんですけど、それが復帰後は、土地の接収とか地位協定とかいろんな関係で、防衛局、防衛庁が相手になったんですよ。そこが安保条約に基づく、サンフランシスコ条約との違いですね。

――なるほど。先ほどベトコン村の話がありましたが、地元の人たちはどうしてそれに協力したのでしょうか？

**屋良**：あれはなぜ協力させられたかと言ったら、協力しないと山を利用できないということなんですよ。あの頃はこういう家をつくるのにも、山原の木材が必要ですし、石炭とか化石燃料がない時代ですからここから薪を伐り出して、東の海から積み出して中南部に運んで燃料として使っていました。

それと竹が大事なんですよ。なぜかと言うと、沖縄の赤瓦の屋根をつくるのに、まずは板を敷いてその上に竹を敷いて、その上に土を乗せて、その上に赤瓦を乗せる。そうすることで重くなって、台風に対しても強い家ができるわけですよね。だから竹というのは貴重な建築材なんですよ。そういう所を利用させない。そうなると、協力せざるをえないわけです。

訓練場には草木も生えない所があるんですよ。1957年にジャングル訓練場にされてしまって、それ以後ずっとベトナム戦争とか東南アジアの戦争のためのジャングル訓練で使っているわけです。ベトコンの解放戦線のゲリラ戦術というのは、落とし穴をつくる。それがあるものだからアメリカは枯葉剤を使ったんですよ。ベトちゃんドクちゃんの例のように、今でも被害が続いているわけですよね。

――保管していた枯葉剤が漏れたとかいう話もありますよね。

**屋良**：枯葉剤だけじゃなくて、モータープールいわゆる車の集積場として使われていた場所では、モータープールの機械なんかを洗浄する強酸性の重クロム酸カリウム溶液が保管されていて、それがこぼれて植物に影響してるんじゃないかと言われたりもしています。

――原因はわかっていないんですか。

**屋良**：林野庁の管理じゃなくて環境庁の管理になると、そういうのは全部、環境評価で調べるはずなんですけど、そういうのがないんですよ。まだ林野庁のですから。国の調査じゃなくて、ある自然関係の民間の方がユンボを伝って掘り返して土壌調査に出したことはあるんですけど、はっきりしない。ダイオキシンは検出されてはいないみたいなんですけど、国が別の調査をしてきちっと何メーターか地下まで掘らないと、沈んでいるのを見つけきれるかどうか。

――ダイオキシンは沈む性質があるということですね。

**屋良**：はい。他には、辺野古に弾薬庫があって、そこでヤギを飼っているというのは見ました。

――ヤギ？

**屋良**：ヤギというのは毒ガスが漏れた時、真っ先に犠牲になるわけですよ。それから、これは聞いた話ですけど、ミサイル基地があった瀬長(せなが)島という所があって、8つのミサイル基地のうちの1つがそこにあったらしいんですが。その基地でもヤギを飼っていました

いずれにしても沖縄というのは、この間もクラスター爆弾を投下して訓練してましたけど、世界から非難されて「使うな」と言われるまで、あらゆる最新の武器の試験場になってきた。その意味で沖縄はアメリカの武器弾薬の貯蔵であり、訓練場であるわけですよね。飛行機にしても、オスプレイにしてもそうです。ハワイでは訓練させないのに、沖縄では、沖縄というか日本全体では、そういうこ

とをもう自由勝手にやっているわけです。

### ❖生活の延長上にあるスクラムと見張り

——屋良さんはもともと高江にお住まいですか？

**屋良**：いいえ、わたしは那覇です。生まれたのは大阪なんです。

——そうなんですか。

**屋良**：おやじが船乗りだって、船乗りというのは直接戦場に召集されなかったみたいです。それで船を降りて、満蒙開拓ということで満州に行って生活しようとしたら、沖縄の人ですから寒くてとても生活できないということで、大阪に引き上げてきて。それでわたしは大阪で生まれなんです。

6月にわたしが生まれて、7月におやじは広島に行って、三次(みよし)の近辺の村で生活しようとして、そこで終戦を迎えました。8月には広島に原爆が（笑）投下されましたけど、たぶん原爆には遭ってないと思います。山の中だから。

——ラッキーと言えばすごいラッキーですね。

**屋良**：そうですよね。

――お父さんも早めに引き上げてきて良かった。

**屋良**：ソ連軍が攻めてくる前に満州から引き上げたし、船を降りたのも良かった。そのまま船乗りをやっていたら、商船でしたから、対馬丸（つしままる）みたいに潜水艦の攻撃対象になっていたはずですからね。そういう話はおやじから聞いてました。

――基地反対闘争にはいつ頃から関わられたんですか？

**屋良**：琉球大学の農学部を１９６９年に卒業して、翌年ぐらいから高江に通っています。復帰前に通っているから、戦争は直接は体験していないけど、戦後の生活、たとえば、「ギブミー」でチョコレートをもらうとか、アメリカの演習の時に缶詰をもらうとかは知っています。朝鮮戦争の時の灯火管制なども経験しています。

――なぜ運動をやろうと思われたのですか？

**屋良**：それは難しい質問ですね（笑）。やっぱり運動にかかわるきっかけは、生活ですよ。学生のころ、沖縄には消費生活協同組合法というのが適用されて、大学で共済会を生活協同組合にするという消費生協運動が起きまして、自分の生活が貧しかったから「そいつはいいことだな」と思って関わりました。卒業したら、今度は医療関係の協同組合つくるというもんだからそこに入って、今8万人ぐらいの全国でも2～3番ぐらいの大きな組織になってますけど、それに関わるようになって、その中で、生活を守るというか命を守るというか、そういうことを強く意識するようになって、やっぱり沖縄の現状というのは基地をなくさなければいけないというのが優先されるべきだ、という考えになって。だから、今こうしてやってるのも、もともと生活の中でやってきたものなんですよ。

――ようするに、復帰運動もずっとされていて、その継続ということですよね。

**屋良**：はい。復帰運動では「復帰行進」というのがあって、大阪から東京まで72日間歩きました。登山靴を2足使い古して（笑）。

――すごいですね。今もここの野外で寝泊まりして見張りをしていると伺いましたが。

**屋良**：板張りの所にマットを敷いて、寝袋で。

**山里昌毅**（以下、山里）：ぼくらは日中は大勢いますから、みんなでスクラムを組んで資材を運び込ませない。5時間経営者を中に入れないということもありました。多い時で200名ぐらいいましたから、それでスクラムを組むと非常に大きな力を発揮します。

――スクラムを外すには、相当強い力が必要ですよね。

**山里**：ええ。しかも非暴力でスクラムを組んでるもんだから、相手も非常にやりにくかったでしょうね。向こうも暴力をふるってまではできないですから。それでぼくらのいない夜中にこっそり突然資材を運び込むとか、非常に卑劣なやり方をしてくるようになったんですよ。だから見張りが必要なんです。屋良さんは交代で、もう2年間ぐらいここに寝泊まりされていて、屋良さんから「防衛局が工事に来たよ」って連絡があったらまた駆けつけて行く。

——皆さん、夕方になるとお帰りになるでしょうから、夜は完全に一人ですか？

**屋良**：はい。一人になります。

——右翼が妨害で来たりしますか？

**山里**：右翼は高江には来ませんね。辺野古の方に。

——なるほど。辺野古は有名だから。

## ❖差別論と独立論から離れて

——安倍首相は4・28を主権を回復した日、「独立の日」にしたいようですが、沖縄県民としては率直にどう感じていますか？

**山里**：わたしたち沖縄県に住んでる皆にとっては、今本当に日本が独立してるかどうか、非常に疑問なんですね。むしろ、日米安保条約に基づいてどんどんアメリカとは従属的な関係になっている。いわば、半分支配されてる。これが本当に主権回復されたのかっていったら、まだまだ全然そう思えませんね。

**屋良**：沖縄が、日本が、本当に主権回復するには、安保条約をなくさないといけないとわたしたちは思っています。ただね、「沖縄は差別されてる」という論調が沖縄のマスコミでもやっぱり強いんですけど、そこはそうじゃない。

――というと？

**屋良**：要するに、問題は沖縄差別の問題じゃない、日本の主権の回復の問題で、安保をなくさないと本当の主権回復できないということなんです。

――なるほど。そうですね。

**屋良**：そこのところに行き着かない論法というのは、沖縄の基地撤去に関して、例えば、沖縄の琉球人民が独立して琉球国民になって、その上でアメリカと安保条約結んで基地を存続させるかとか、でなければ「廃棄しなさい」「アメリカは出て行きなさい」ってことになる。でも今の運動というのはそうじゃない。今わたしたちが運動の中で反対しているオスプレイ・パッドっていうのも、安保条約がなければつくる必要ないものなんです。米日の関係の安全を軍事で守るか、平和的にどう守るかっていうのはまだまだ長い論争が続くとは思いますけど、沖縄だけに基地が集中してる、沖縄はいじめられてる、だったら独立した方がいいんじゃないか、とかいう議論がありますが、「ガンがあるので、このガンを平等に体のどこかで分けなさい」というわけにはいかない。ほかの人に移しなさい、ということではないんです。人間の、日本国という中で、あっち移しなさい、こっち移しなさい。さっきも北海道の……。北海道移らないですよね？

だから差別論と独立論とかいうのは沖縄県民の中でもだいぶ支持を得ますけど。だから沖縄にオスプレイ用のヘリポートをつくるという話になった時に、よそに作らそうと探しに行った国会議員もいるんです。

——そうなんですか。

**屋良**：ええ。橋下に「沖縄のお酒持って来なさいよ」なんて言われて（笑）。

**山里**：実弾砲研修場の件もそうです。

——それはどういうことですか？

**屋良**：県庁の実弾砲研修場が県道104号線を挟んでるもんだから、研修の時は県道が通行止めになるんです。それで生活ロードをこんなふうにするなということで長い間運動してきました。その結果、実弾砲研修場を移すことになったんですが、そうしたら、北海道や全国のいろんな基地に研修場が移された。基地の差別論はそういうことなんです。沖縄に集中してるから移せということになると、結果、研修場が増えるわけですよ。彼が言ってるのはそういうことです。

**山里**：ぼくも若いころからずっと本土の皆さんと基地問題のお話しするとき、これは日米安保条約が非常に大きな根源になってるから、皆さん方、日米安保条約をなくす戦いをしなければ、わたしたち沖縄はこの基地撤去運動をずっと続けますから、いずれは沖縄の基地はいつか皆さんの住んでいる所に持っていかれますよ、と。それが案の定、この104号線を挟む実弾砲撃演習が、雪の北海道から大分の日出生台(ひじゅうだい)まで全国6カ所に広がった。

**屋良**：やっぱり移設じゃなくて撤去だ、という主張に変わらないと、いくらオール沖縄で市町村、知事まで含めて沖縄ではつくらせないということになっても、それを逆手にとってオスプレイの中継場を岩国とかにつくる、みたいにして演習を全国に広げることになる。それはやっぱり安保条約に基づくからなんです。べつに差別とかそういう問題じゃないんですよ。

——なるほど。沖縄の基地撤去運動が安保そのものを問うとは、そういうことなんですね。

屋良：そうです。

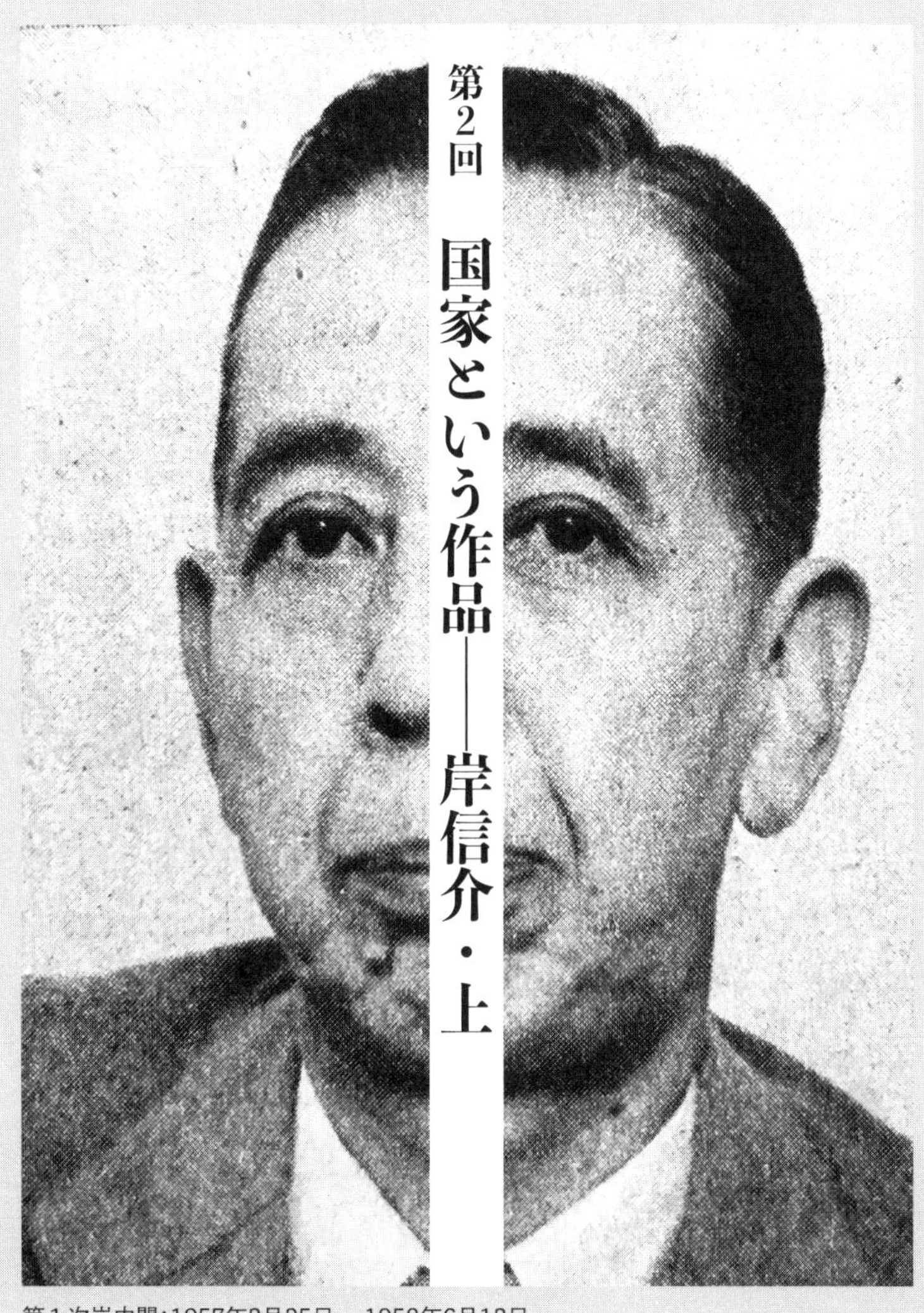

第１次岸内閣：1957年2月25日～ 1958年6月12日
第２次岸内閣：1958年6月12日～ 1960年7月19日

「革新官僚」として統制経済を唱えた戦前の岸信介は、満州国という実験国家を自らの「作品」と呼ぶ。しかし、満州国のベールをはぎ取った実態は、戦費のために人々をアヘン中毒に追い込み、ぼろぼろにする悲惨なものだった。戦後、戦犯となりながら自由を勝ち取った岸には、米国の影がちらつくようになる。（文中敬称略）

日米戦争と中国侵略を陰で支え続けようとした男が千葉県市川市の総寧寺の墓所に眠っている。

「里見家之霊位」。墓石にはそう彫られている。脇に立つ小さい碑には「凡俗に堕ちて　凡俗を越え――」と墓誌銘が刻まれている。

里見甫。「凡俗に堕ちて」とするにはあまりに堕ちすぎた。戦前の日本海軍は欧米に対抗すべく石油を求めて南下政策を採り、陸軍はカネに変わるアヘンを求めて中国大陸を深く侵し続けた。その中国で「アヘン王」と呼ばれた男、それが里見だった。

墓石に刻まれた「里見家――」の文字は均衡を保ち、揮毫者の几帳面な性格が思われた。筆を執ったのは元首相、岸信介だった。

戦前、日本の傀儡国家、満州国を「私の作品」と呼んだ岸と、「アヘン王」の称号を奉られた里見。どんな接点があったのか。

歴史家、伊藤隆は、『岸信介の回想』で、満州国のアヘン政策について岸に質問している。岸は、

「満州ではアヘンを禁止し、生産もさせないし、吸飲もさせなかった」

と答え、問われてもいないのに里見の名を挙げ、

「アヘンを扱ったものとして里見という男のことは知っています。ただ私が満州にいた頃は里見は上海で相当アヘンの問題にタッチしていて、金も手に入れたのでしょうが、満州には来ていないから私は知らない」

と語っている。里見と知り合ったのは満州国からの帰国後で、墓碑に揮毫したのは中に立った知人に頼まれたからだ、としている。

しかし、満州国研究者の間で、この答えを額面通りに受け取る人は少ない。

岸が満州国の「製作」を手掛けるようになるまでの道のりを追ってみよう。

山口県・田布施（たぶせ）の高等小学校を卒業した岸は、名門岡山中学から山口中学に転校し、首席を続けた。

「長州の陸軍」の伝統を持つ山口県にあって、少年・岸の将来の志望は軍人から政治家へと変わっていった。体力に自信がなかったことと、親戚の松岡洋右が外交官として活躍していたことが影響したようだ。

東京帝国大学入学後も秀才ぶりは変わらず、1年生の時に、後の法学者、我妻栄と首席を分

け合った。学生の岸は、国粋主義の教授、上杉慎吉邸に出入りするようになるが、そのころ、隻眼の思想家に決定的な影響を受けることになる。

辛亥革命時より中国革命に身を投じていた北一輝が大川周明の求めに応じて一時帰国していた1920年1月、岸は東京・牛込の猶存社（ゆうぞんしゃ）に北を訪ねた。

岸に長時間インタビューをしてその時の様子を聞いた東京国際大学名誉教授の原彬久（よしひさ）は、こう描写している。

「辛亥革命の革命服に身を包んだ北は、宙を指差してこう叫んだ。『空中に君らの頼もしい青春の血をもって日本の歴史を書くんだ』」（『岸信介──権勢の政治家』）

岸はこの時、秘密出版されていた北の『日本改造法案大綱』を夜を徹して筆写した。この本は、憲法を停止して戒厳令を敷き、皇室財産を国家に下付すべきことを唱えている。さらに大資本を国有化し、私有財産を制限する代わりに労働者の生活を保障することを主張している。

一言で言えば、国家社会主義革命による統制経済への移行だ。岸自身、原のインタビューに対して、北の統制経済の思想に影響を受けたことを認めている（『岸信介言録』）。

しかし、青年・岸は、北の思想についてまだ半分しか理解していない。

岸が北を訪ねてから6年後の1926年、北自身は『日本改造法案大綱』につけた実質的な序文の中で、この本が中国革命の途上で父親を失った中国の孤児の泣き声の中で生まれ、金融資本家を暗殺したテロリストとその精神を同じくすると書いた。

そのテロリストの名前は朝日平吾。現在のみずほ銀行につながる安田財閥の祖、安田善次郎を刺殺、金融大資本とは反対の極にある庶民の生活の窮乏を訴える遺書を残した。

## ◇統制派に招かれ満州国の首脳に

このころ、岸はすでに霞が関の官僚になっていた。庶民の救済を根底に据える朝日・北の精神はその後、血盟団事件から五・一五事件、二・二六事件へとつながっていくが、岸自身は別の道を進んでいく。

農商務省に進んだ岸は、北が『日本改造法案大綱』に実質的な序文を記したその年、商工省官僚として初めて欧米を訪問している。旅の途上、米国の巨大な経済力に驚嘆する半面、ドイツの合理的な産業統制政策に強い示唆を受ける。資源、国力に限界のある日本の生きる道はドイツの統制経済政策しかない。そう強く考えるようになった。

1928年にはスターリンのもとでソ連の第一次5カ年計画が始まり、岸に衝撃を与えた。経済の国家統制を考えていた岸にとって、社会主義国の計画経済は究極の統制政策だった。

1930年、商工省内に臨時産業合理局が新設され、岸は中軸に座る。翌年公布の重要産業統制法の法案作成の中心を担い、大企業間のカルテル結成を促した。大企業と財閥の保護、育成を目的としたもので、大資本の抑制と労働者保護を第一に考えた北の思想とは正反対の政策だった。

一方、陸軍の内部でも「統制派」が育ちつつあった。皇道派に対して、強固な統制経済によって軍事力強化を目指す統制派には、永田鉄山や東條英機らがいた。統制派は陸軍省や関東軍の中枢を形作っていたが、1932年に建国を宣言した傀儡国家、満州国の経済運営の中心に岸を招くことを画策し始める。

岸が満州国の実業部総務司長に転出したのは1936年10月。翌年には産業部次長兼総務庁次長に昇進、満州国の実質的な最高首脳のひとりとなった。最高首脳として推進した政策は、産業開発5カ年計画の実行と日本産業（日産）の満州国誘致だった。

岸は遠縁に当たる日産の総帥、鮎川義介（よしすけ）を説得するために、軍用機を使って満州国の新京と立川飛行場の間を往復した。鮎川は、日産コンツェルン全体の満州国移駐を決め、満州重工業開発（満業）を誕生させた。満州国経済は文字通り、岸の「作品」となった。

しかし、5カ年計画や満業が「作品」の表の顔だったとすれば、裏の顔はアヘン政策だった。岸は「満州ではアヘンを禁止し、生産もさせないし、吸飲もさせなかった」と言っているが、実態とはかけ離れている。

ここで、「アヘン王」里見の証言を聞いてみよう。

1946年3月1日、里見は、国際検察局（IPS）に逮捕された。

IPSは極東国際軍事裁判の法廷に、日本の最大の戦争犯罪のひとつであるアヘン政策を告発するために里見の身柄を確保、同月5日から尋問を始めた。尋問に当たったのはIPS検察官のウィリアム・ホーナディ陸軍中佐。

筆者は、ワシントン郊外にある米国国立公文書館別館を訪れ、同館所蔵の里見尋問調査書全文を入手した。

調書の中には、尋問中に里見が書き、IPS速記タイピストがタイプし直したチャート図が1枚あった。まさに「アヘン王」自らが示す中国大陸アヘン流通の概略図だ。

図を解読してみると、アヘンは満州国と蒙疆（もうきょう）政権管内で生産され、北京と上海を中心に広東、厦門（アモイ）、関東州、日本で消費される。この流れを東京・霞が関で監督しているのが、1938年に設置された興亜院だ。

アヘンは芥子（けし）の実から採れる。原料アヘンからモルヒネやヘロインができるが、原料アヘンを少し加工したものでも、その煙を吸うとあらゆる苦痛が鎮まり、多幸感が得られる。アヘン吸飲は容易に中毒となる。

アヘンが切れると中毒者には厳しい禁断症状がやってくる。その苦痛のために気絶することもまれではない。このため、中毒者は妻子を売ってまでしてアヘンを手に入れようとする。アヘン売買はまちがいなく大きな儲け口になる。

満州国はアヘン吸飲を断固禁止する政策を採らず、登録した中毒者には販売する漸禁政策とアヘン専売制を採用した。しかし、登録制度は機能せず、だれでもアヘンを買えた。戦前日本のアヘン政策を追究した元愛知大学教授、江口圭一の『日中アヘン戦争』によれば、満州国のアヘン専売利益金は、岸が赴任した1936年度には全歳入の5・0%だったが、岸が帰国する1939年度には5・6%にまで伸びた。

## ◈アヘンを求めて西進した関東軍

満州国を抑える陸軍はこのアヘン収入に目を付けた。謀略の資金源として利用するため、アヘン専門の商社、宏済善堂(こうさいぜんどう)を組織し、里見をその組織の実質的なトップに据えた。

里見の最初の大きい仕事はペルシャ(イラン)産のアヘン販売だった。当時、イランからのアヘン輸入をめぐっては三井物産と三菱商事が鎬（しのぎ）を削っていたが、上海入港後の分配は里見の宏済善堂が一手に握った。

イラン産アヘンが入りにくくなると、陸軍は満州国の西に広がる内モンゴル地域に侵略の兵を進めた。それ以前に満州国のアヘン生産を増強するために西隣の熱河省を侵していたが、関東軍参謀長の東條英機中将率いる同軍はさらに西進し、１９３７年に傀儡の蒙疆政権を発足させた。

蒙疆政権内ではアヘンが増産され、北京や上海などの大消費地に送られた。里見が尋問調書のチャート図に描いた通りだ。

１９３9年3月には興亜院蒙疆連絡部が発足、同年5月には約30人の満州国専売局職員が蒙疆の中心地、張家口に派遣された。岸が満州国総務庁次長の椅子に座っていた時だ。この時、元首相の大平正芳も新進大蔵官僚として張家口に派遣されている。アヘン生産最前線の仕事に関連していたことはまちがいないだろう。

日本のアヘン政策は戦争遂行費に深くかかわっていた。岸の直属の部下で、岸と同様に満州国総務庁次長となった古海忠之（ふるみただゆき）は戦後、敗色濃くなった日本への戦時物資増送のためにアヘンを物々交換に使い、必要物資を手に入れていたことを告白している。その時に頼りにしたのが里見だった。

里見自身、IPSの尋問に対して、アヘン政策を手掛ける興亜院はその後マレー半島にも手を伸ばし、「華僑のいるところはすべて（狙った）」とも語った。

アヘン収入は巨額にのぼった。

近衛文麿（ふみまろ）の女婿で細川家当主に当たる細川護貞（もりさだ）は戦時中、裏の政治情報を日記の形で残しているが、その記述を読むと仰天させられることが少なくない。

1944年7月、サイパン陥落の評価をめぐって東條と岸が対立、東條内閣が崩壊する直接の原因を作ったことになっているが、同9月4日の日記ではその裏側をこう書いている。

「岸は在任中、数千万円少し誇大に云へば億を以て数へる金を受けとりたる由、然もその参謀は皆鮎川（義介）にて、星野（直樹）も是に参画しあり。結局此の二人の利益分配がうまく行かぬことが、（東條）内閣瓦解の一つの原因でもあつた」（『細川日記』）

ここに書かれている人名はすべて満州人脈だ。少しわかりにくい文章だが、この部分は、満州アヘンからの「利益分配」で利害が衝突したことが内閣崩壊の真の原因だという記述ではないか、と推測されている。

さらに10月15日の日記をのぞくと、東條の付け届けの異常な多さについて、近衛文麿と鳩山一郎、吉田茂と雑談、伯爵の金子堅太郎が病気回復した時など毎日寿司100人前が金子邸に届けられた、というような常識外れの付け届けも書き残されている。翌16日の日記にはこう書かれている。

「――たまたま東條に及びたるに、彼は昨年中華航空にて現金を輸送せるを憲兵隊に挙げられたるも、直に重役以下釈放となりたることあり、是はその金が東條のものなりしを以てなりとのことにて、以前より里見某なるアヘン密売者が、東條に屢々(しばしば)金品を送りたるを知り居るも、恐らく是ならんと」(『細川日記』)

## ◇巣鴨プリズンで米ソ対立を願う

アヘン収入が満州国や蒙疆政権、さらには陸軍や関東軍の財政を支えていた実態からして、その組織の中枢に座っていた岸や東條がこの国家犯罪の中心的な役割を担っていただろうと推測する研究者は少なくない。

アヘンだけではない。早稲田大学教授の小林英夫はさらに、満州国の土木建築を目当てに流入してくる手稼ぎの苦力(クーリー)から高い入国手続き料を取って、その上がりも岸と東條は分け合っていた、と指摘している。

中国大陸におけるアヘン拡大策を最初に推し進めたのはイギリスだった。中国からイギリスにお茶、イギリスからインドに綿製品、そしてインドから中国へはアヘンを輸出するという三角貿易を作り上げ、アヘンからの脱却を願った中国をアヘン戦争で打ち負かした。日本は、そのイギリスの国家犯罪を引き継ぎ、発展させた。

アヘン貿易で稼ぎまくったイギリスの商社は、ジャーディン・マセソン商会とサスーン商会。1941年、満州国からの帰国後、商工次官を辞めた後に上海に遊びに来た岸は、到着したその日にサスーン財閥から電話で呼び出され、その邸宅に招待された。財閥トップと岸の会談は数時間に及んだが、その中身はいまだに謎のままだ。

敗戦後、A級戦犯として巣鴨拘置所に入れられた岸は、処刑の悪夢に怯(おび)えながら「米ソ対立」を願った。対立が深まれば深まるほど米国は、戦後日本の統治に自分を必要とするはずだ。岸の獄中日記を読むと、その怜悧(れいり)な頭脳は、限られた情報の中でそうはじき出していることがわかる。

1948年12月23日、東條ら7人のA級戦犯が絞首刑を執行された。岸が釈放されたのはその翌日だった。開戦時の閣僚だったにもかかわらず、起訴もされず自由を勝ち取った。なぜなのだろうか。

研究者の間では、岸の利用価値を見込んだ米中央情報局（ＣＩＡ）の意向が働いたのではないか、とする見方が少なくない。

その答えを求めて訪ねた米国国立公文書館の岸ファイルは、意外なものだった。

# 天皇外交

豊下楢彦氏インタビュー（要約）

## ❖昭和天皇外交の真実と戦後日本への影響

――昭和天皇が戦後日本の外交に果たした役割について教えてください。

**豊下**：戦後、昭和天皇は象徴天皇という立場を超えて、いわば「天皇外交」と呼べる行動を展開しました。当時の吉田茂首相の外交政策を補完する形で、天皇自らが積極的に関与したと見られる場面も少なくありません。この「天皇外交」は、国事行為の枠を逸脱し、立憲君主としての役割を越えたものであったと、多くの研究者が現在では認めています。

しかし、その評価は分かれます。天皇が行った行為は、日本の復興や安保体制の強化に向けた熱意から来たものだという肯定的な見方もありますが、吉田外交の方向性と一致しただけに過ぎないという議論も存在します。さらに、昭和天皇の行動を吉田茂の弱腰を補うものと解釈する研究者もいます。

――憲法改正の過程で、マッカーサーが果たした役割については？

**豊下**：1946年、マッカーサーは極東委員会の発足を前に、日本政府が自発的に憲法改正を進めたように見せることを急ぎました。極東委員会は中国やソ連、オーストラリアなど反天皇制の立場が強い国々で構成されており、もし正式な手続きを経て委員会の審議にかけられた場合、天皇制が廃止される可能性が極めて高かったのです。

ここで鍵を握ったのがマッカーサーの側近ホイットニーでした。彼は法的な抜け道を見つけ、極東委員会が正式に機能する前に憲法改正を既成事実化するよう進言したのです。このような背景がなければ、現在の日本国憲法における天皇制は存続していなかったかもしれません。

――昭和天皇がリアリストであったという指摘について詳しく教えてください。

**豊下**：昭和天皇は非常に冷徹なリアリストでした。東京裁判では、すべての責任を東條英機に押し付けることで、自身の責任を回避し、天皇制の存続を図りました。また、戦後の占領期には、マッカーサーや吉田茂を適宜利用しつつ、自らの意に沿わない場合は切り捨てる冷酷さも見せました。

退位に関しても、昭和天皇が一度もそれを考えなかった背景には、弟の高松宮への不信感がありました。戦争末期に和平派として動いた高松宮を、昭和天皇は終生許さなかったと言われています。

——天皇外交と安全保障政策の関係については？

**豊下**：冷戦期の米ソ対立を見据えた昭和天皇は、日本の安全保障をアメリカとの関係に依存させる選択をしました。朝鮮戦争では、アメリカ軍に原子爆弾の使用を提案するという非常にドライで現実的な発言も記録されています。これは広島・長崎への原爆投下からわずか数年後のことでした。

このような行動からも、昭和天皇の思考がいかに現実的かつ非情であったかが分かります。

——靖国神社への参拝が途絶えた理由についてはどうお考えですか？

**豊下**：昭和天皇は1975年以降、靖国神社への参拝を中止しました。その理由は、戦後の日本が東條英機に責任を押し付ける形で再構築されたことと深く関係しています。東條を合祀した靖国神社に参拝することは、その戦後の構図に矛盾するものであり、昭和天皇自身がそれを避けたと考えられます。

この問題は単なる政治家の参拝是非を超え、天皇家と靖国神社の関係という本質的な議論を必要としています。

## ❖戦時中の麻薬取引と日本軍の影

——戦時中、日本軍と麻薬取引の関係についてどのようなことが明らかになっていますか？

**豊下**：戦時中、日本軍は中国を中心に麻薬取引に深く関与していました。特に里見甫のような人物は、麻薬取引の中心的な役割を果たしました。彼は上海を拠点にアヘンやその他の麻薬の流通を取り仕切り、軍部や三井物産と連携して活動していたことが公文書から明らかになっています。また、彼の活動は南京の傀儡(かいらい)政府や特務機関とも密接に結びついていました。

——具体的にどのような取引が行われていたのでしょうか？

**豊下**：例えば、１９３７年から38年にかけて、ペルシャから上海へ膨大な量のアヘンが輸送されていました。このアヘンは日本軍の倉庫に保管され、最終的には上海市場で販売されました。収益は台湾銀行を経由して三井物産に渡り、さらに軍部や特務機関に分配されました。公文書によると、これらの麻薬取引は日本政府や外務省、大蔵省の認可のもとで行われていたことが示唆されています。

――里見甫という人物について詳しく教えてください。

**豊下**：里見甫は１８９６年に秋田県で生まれ、満州や上海で活動を展開した人物です。彼は南満州鉄道や通信社の経営に携わり、やがて日本軍の支援のもとで麻薬取引に関与しました。特にHung Chi Shan Tang（宏済善堂）という組織を通じてアヘンの流通を掌握し、膨大な利益を得ていました。しかし彼の活動は単なる商業的利益ではなく、軍事資金の調達や中国社会の弱体化を目的としていたと考えられます。

――軍部や政府の関与はどのように説明されますか？

**豊下**：公文書によると、日本軍は麻薬取引を組織的に管理し、収益を軍事資金として利用していました。例えば、南京政府が設立された際、麻薬取引による収益の一部が南京政府の財務部に配分されていた記録があります。また、外務省や戦争省が取引の許可を与え、三井物産が物流を担う形で取引が進められていました。

――戦後、この問題はどのように扱われたのでしょうか？

**豊下**：戦後、里見甫は巣鴨拘置所で事情聴取を受け、その証言が戦争犯罪の裁判に利用されました。しかし、彼が具体的にどのような処遇を受けたかについては、詳細な記録が残っていません。また、日本軍の麻薬取引に関する情報は戦後の日本政府にとって非常にセンシティブな問題であり、多くの部分が公にされることなく隠蔽されたと考えられます。

——最後に、この問題をどのように捉えるべきでしょうか？

**豊下**：日本軍の麻薬取引は、戦争犯罪や人道に対する罪として厳しく問われるべき問題です。特に、麻薬による被害が中国社会にどれほど深刻な影響を与えたかを考えると、その責任は非常に重いと言えます。一方で、これらの取引が当時の軍部や政府によってどのように正当化されていたのかを明らかにすることも重要です。この問題は、戦争の背後にある経済的・社会的構造を理解する上で重要な視点を提供します。

第3回　ストロングマン——岸信介・下

米国の戦後アジア政策は、米国の権益を守ってくれる、その国の「ストロングマン」を探し出すことから始まる。巣鴨プリズンを釈放された岸信介は、「強い男」として米国保守派に見いだされ、CIAの庇護を受け続ける。その岸が取り組んだ日米安全保障条約の改定はどのような形になったか。歴史の因果を報告する。（文中敬称略）

米国の政策や諜報活動の実態を垣間見ることのできる「聖地」がワシントン郊外にある。米国国立公文書館別館。米軍諜報組織や米中央情報局（CIA）の機密解除書類を手に取って読むことができる。

「岸信介」ファイルの閲覧を請求すると、30分ほどでひとつの箱が出てきた。そこには一体何が入っているのか。しかし、その中身は意外に拍子抜けのするものだった。

書類の束は薄く、CIAが作成した資料はわずか5枚しかなかった。しかも岸の政治的プロフィルの紹介ばかりで、CIAとの深い関連が指摘される人物のファイルとは到底思えないようなものだった。

しかし、実を言えばこのこと自体が、研究者には意味をもっている。

「岸のCIA関係資料はほんの薄いものです。しかし、われわれにしてみれば、逆にそのことが両者の深い関係を疑わせるに十分なものになっているのです」

こう語るのは、一橋大学名誉教授の加藤哲郎だ。

CIA内部では、各国の諜報エージェントや諜報対象者について暗号名で呼び合う。日本関係には「PO」を頭につける。解明されているものの一部を挙げると、自由党総裁だった緒方竹虎はＰＯＣＡＰＯＮ、読売新聞社社主で原子力委員会委員長などを務めた正力松太郎はＰＯＤＡＭ、あるいはＰＯＪＡＣＫＰＯＴ－1、などだ。

しかし、岸については暗号名すらわかっていない。

加藤は、緒方や正力の分厚いＣＩＡ関係資料を手に取って見せた。緒方は1千枚近く、正力は500枚ほどもある。戦後の日本政界とＣＩＡとの関係を追究してきた加藤は、岸のＣＩＡ関係資料はまだ、ほとんどが機密指定を解除されていないとみている。

「岸資料の5枚目のあとには、『not declassified』、まだ公開されない、という紙が1枚だけ挟まっている。この1枚の紙の後ろには、何百枚もの秘密資料があるかもしれないのです」

岸とＣＩＡの知られざる関係を追って、私は米アリゾナ州ツーソンに飛んだ。

アリゾナ大学の歴史学研究室で教鞭を執る同大教授、マイケル・シャラーは、歴史資料と学生たちのリポートの束に囲まれていた。シャラーは米国務省の歴史外交文書諮問委員会委員を務め、非公開資料にも目を通していた。文書を公開するかどうか国務省に参考意見を述べる立場にあった。

――岸元首相に対してCIAから資金提供があったという話をどう思いますか?

「そういう証拠はあると思う。賄賂的な意味合いよりは、派閥の運動資金や政治キャンペーン資金というような形で提供されたと理解している」

――資金はどのような形で渡されたのでしょうか?

「当時、CIAから経済団体や企業を通じて岸のほうに資金が流れたという記述を米国側の書類で私は目にしたことがある」

――経済団体とは経済団体連合会のことですか?

「それも一つだと思う。それから個々の企業と何かしらの契約を結んで資金を流していくということがあったと思う」

シャラーは、委員として知りえたことは具体的には明らかにしなかったが、研究者として発掘した機密解除資料については明確に語った。その概略はシャラーの著書『「日米関係」とは何だったのか』にも記されている。

シャラーによれば、のちに岸内閣の蔵相になる岸の実弟、佐藤栄作は1957年、米国に対し何度も秘密の資金提供を要請していた。

このため、CIAから自民党にカネが流れ、「CIAによる資金は、1958年5月の衆議院選挙運動をはじめ、さまざまな方面に使われた」(『「日米関係」とは何だったのか』)。

## ◇「9条は邪魔」で国務長官と一致

1958年7月の米大使館員と佐藤の秘密会合の記録も残っている。

佐藤は1等書記官のスタン・カーペンターに対して運動資金を「せびろう」(米国大使のマッカーサー)とした。この時の米国大使は、連合国軍最高司令官マッカーサーの甥だ。マッカーサーは佐藤の懇請をいったんは断ったが、自民党には別の形で資金提供されていた。

日米安全保障条約改定が厳しい反対運動に直面した1960年5月にも、米国側に資金要請の話が持ち込まれた。岸の盟友で自民党幹事長だった川島正次郎が米国大使のマッカーサーに依頼、相談の結果、経済連副会長の植村甲午郎(こうごろう)を介して資金を渡した。

岸とCIAの関係を追究する研究者は加藤やシャラーだけではない。『秘密のファイル』の著者、元共同通信社特別編集委員の春名幹男は、対日工作に直接関与したことがあるCIA元幹部から、岸本人に資金提供した事実を確認した。

さらに、CIAから自民党への秘密献金をスクープしたニューヨーク・タイムズ記者、ティム・ワイナーは、その著書『CIA秘録』の中でこう断言している。

「CIAは1948年以降、外国の政治家を金で買収し続けていた。しかし世界の有力国で、将来の指導者をCIAが選んだ最初の国は日本だった」

「（巣鴨拘置所からの）釈放後岸は、CIAの援助とともに、支配政党のトップに座り、日本の首相の座までのぼりつめるのである」

戦後の米国のアジア政策は、米国の国益を守ってくれそうな、その国における「ストロングマン」を探し出すことから始まる。韓国における李承晩、台湾における蒋介石がその典型だ。日本においては吉田茂であり、鳩山一郎、緒方竹虎と続いて、1950年代半ばに岸の番が巡ってきた。

岸は巣鴨拘置所に勾留(こうりゅう)されている間に連合国軍総司令部（GHQ）の最右派である参謀本部第2部（G2）から注目され、G2から釈放勧告を受けている。

釈放後、いったんは故郷の山口県・田布施(たぶせ)に帰ったが、1949年に東京・銀座に箕山社(きざんしゃ)という事務所を設立して戦後の活動を始めた。1953年に自由党に入党、その年の総選挙で当選して中央政界に復帰することになった。

この後、ひとりの英国人が岸の英語の家庭教師を務めることになる。コンプトン・パケナム、ニューズウィーク東京支局長だった。1週間に2日ほど岸の家に通ったこの英国人が、なぜ岸の家庭教師に就いたのかはよくわかっていないが、その背後に連なる人脈は岸の政治人生に決定的な影響を与えた。

パケナムの上司である同誌外信部長のハリー・カーンは、CIA長官のアレン・ダレスの親しい友人で、米国保守派のロビー組織、アメリカ対日協議会（ACJ）の実質的な主宰者だった。そのカーンが戦後政界での岸育成に力を注いだ。

『岸信介の回想』の中で、岸は、歴史家、伊藤隆の問いかけに答えて、カーンやパケナムがGHQと対立していたことを回想した後で、こんなことを言っている。

「特にあの頃のGHQのスタッフのなかには、だいぶ極端な左がかった連中がいて、パケナム、カーンはそれに対して批判的だったからね」

この「左がかった連中」が、GHQ内でG2と対抗していた民政局（GS）の幹部たちであることはまちがいない。最高司令官、マッカーサーの右腕だったGS局長、コートニー・ホイットニーや局次長のチャールズ・ケーディスを先頭に現在の日本国憲法の素案を作り上げ、戦争放棄をうたった第9条を入れた。

カーンやパケナムは、後の日米安全保障条約改定交渉で岸が相手にする最大の米国担当者、米国務長官のジョン・F・ダレスと親しかった。アレン・ダレスの実兄である。そして、兄のダレスも岸も、この第9条が邪魔だと考えていた。

第9条があるために日本は自衛目的以外の軍隊が持てず、米国との相互的な防衛能力を保有できなかった。つまり、米国が攻撃を受けても日本は援軍を出すことができない。さらに言えば、米国の軍事戦略に乗っかる軍隊を日本は持つことができない。

この相互防衛の考え方が、集団的自衛権の解釈として、1951年の旧日米安保条約締結以来、日米間の問題となった。

岸は1954年11月に鳩山一郎らとともに民主党を結成。翌55年8月には、外相の重光葵（しげみつまもる）と農相の河野（こうの）一郎、民主党幹事長の岸の3人が訪米し、国務長官のダレスと会見した。重光は、より対等な日米安保条約に改定すべきだと提案したが、ダレスは吐き捨てるように、言い放った。

「重光君、偉そうなことを言うけれど、日本にそんな力があるのか。――グアムが攻撃された場合、日本はアメリカの防衛に駆けつけてくれるのかね」

ダレスはじめとする米国要人はこの時、3人の政治家の「品定め」をしていたが、初めから勝負はついていた。重光が恥をかいた同じ席上、「防衛や経済の側面でより力をつけるために『建設的勢力』の結集に努力したい」と岸が水を向けると、ダレスはすぐに賛同した。自由党と民主党の統合を目指す大きな動因のひとつがこの時、日米の政界キーマンの間で生まれた。

## ❖反対運動の中で安保改定を強行

3人の訪米中に出たニューズウィークの表紙に登場したのは、外相の重光ではなく、岸だった。もちろんカーンの仕掛けだった。

1955年11月、自由民主党結成。統合に功績のあった岸は、新生自民党の幹事長に就任する。翌56年12月に石橋湛山（たんざん）内閣が成立したが、57年2月、石橋は病気のために退陣、岸が後を継ぐことになった。

首相となった岸は同年6月に訪米、ワシントン郊外のバーニングツリー・クラブで米大統領アイゼンハワーとゴルフに興じる。A級戦犯容疑者の身から9年足らずの間にここまで上り詰めた岸の足取りをたどってみると、裏側にはCIAやG2、ACJなど、米国の保守勢力の強力な支えが続いていたことがわかる。

戦後の対日政策の背後にある米側の思潮は一つではない。戦後すぐにGHQ内に流れ込み、日本国憲法の素案を作った進歩的なニューディーラーたちを源流とする思潮と、対ソ連・対中国戦略を第一に考える保守勢力の思潮とに大別される。

後者の米国保守勢力の支持を背にして岸が取り組んだ最大の仕事が、日米安保条約の改定だった。旧安保条約は、日本が米国に基地を提供する一方で米国の日本防衛義務が明記されていないなど、不平等だという批判が強かった。この不平等感をなくし、より対等な条約に変えることが、岸が標榜する改定の目標だった。

しかし、改定は国民的な反対運動に直面した。岸が掲げた目標の裏に隠された、米国の戦略に乗っかるという本音の部分が見え隠れしていたからだった。

断固反対の意思表示をしていた都立大学教授の中国文学者、竹内好（よしみ）は1959年12月にこう記した。

「特定国との軍事同盟を強化し、アジアの緊張を劇化させるような、一部のものの利益に国民の利害を従属させるような改定のやり方に反対なのであります」（『不服従の遺産』）

1960年5月19日から20日未明にかけて岸は、衆議院で条約批准の強行採決に打って出た。岸は、6月19日に予定されていたアイゼンハワー来日に政権延命を賭けていた。参議院の採決を不要とする「自然承認」には30日間が必要だった。

全野党欠席の上に警察官500人を導入して臨んだ強行採決は反対運動を増幅させた。自民党内でも反発が広がり、国会にはデモの波が押し寄せた。竹内とともに反対デモの渦の中にいた東大教授の丸山眞男は、

「十九日から二十日にかけての夜の事態を認めるならば、それは、権力がもし欲すれば何事でも強行できること、つまり万能であることを認めることになります。権力が万能であることを認めながら、同時に民主主義を認めることはできません」（「選択のとき」）

と書いた。竹内は、

「五月二十日以後、憲法の眼目の一つである議会主義が失われた」

と友人たちに挨拶状を送り、「抗議の手段として」都立大教授職を辞職した。

## ◇◇ やるはずがない対等な事前協議

反対の大波は膨れ上がり、6月4日には国鉄労働組合などが戦後最大の交通ゼネストを打った。岸は防衛庁長官の赤城宗徳（むねのり）に自衛隊出動を検討するよう命じたが、赤城は断った。6月10日、アイゼンハワー来日の事前調査に来た大統領報道担当秘書官、ジェームズ・ハガティーの車がデモ隊に取り囲まれ、ヘリコプターで救出された。

そして6月15日、全学連主流派と警官隊が国会内で激突、この狭間にいた東大生、樺（かんば）美智子が死亡した。

岸は、アイゼンハワー来日を断念し、改定安保条約の自然承認後の総辞職を決意した。

6月19日午前零時、騒然としたデモの大群衆に取り囲まれた首相官邸で、岸は弟の佐藤とふたりだけで自然承認の時を迎えた。

その新条約は第5条で米国の日本防衛義務を盛り込んだが、続く第6条で、米国のアジア戦略のために在日米軍基地を利用できる「極島条項」が組み込まれた。米国の本音を明確にした条項だ。

本音の部分をカムフラージュするために、「事前協議制」が前面に押し出された。日本における米軍の核装備や、在日米軍基地から海外への戦闘出撃などの際、米側は日本側に事前に協議を申し出て承諾を得なければならない、という新しい手続きのことだ。
しかし、1990年代になって、琉球大学教授の我部(がべ)政明らが、この時の日米間の密約の数々を明るみに出した。諸密約のほとんどを発掘した我部によれば、この事前協議制が機能する可能性はまったくない。

「対等な主権国家間の取決としての日米の事前協議は、六〇年安保改定を進めた岸・保守政権の最大の成果として宣伝されてきた。——だから、秘密としてあくまで隠す必要があったのだ。対等な日米関係は『虚像』であると事前協議制が物語っているのだ」(我部著『沖縄返還とは何だったのか』)

日米関係はなぜ対等ではないのか。その淵源は、岸の前に日米安保条約を結んだ首相、吉田茂までさかのぼる。しかし、さかのぼった結果、真実はさらに奥深いところにあることがわかった。次回は、可能な限りその深みに下りてみる。

## 日米関係と冷戦期の外交政策

マイケル・シャラー（アリゾナ大学教授）インタビュー

### ❖東南アジアの資源を利用して日本を復興

――まず、マッカーサーの一番最初の日本に対する政策が、1947年から大きく変わってくる。この点から話を伺いたいと思います。

**マイケル・シャラー**（以下、シャラー）：はい。

――1954年にディエンビエンフーが陥落し、フランスがインドシナから撤退していきます。それがベトナム戦争の始まりにつながるわけですが、その時にアイゼンハワー政権が、焦って日本を失えば太平洋は「共産主義者の湖」になるということで、そうならないようにするためには、東南アジアの資源が日本のために必要だと。結局アイゼンハワー政権をはじめとして、アメリカの日本に対する位置付けは、対ソ連という点にあった。マッカーサーが最初に日本を変えようとしたその政策を変えたのは、やはり対ソ連というところで、東南アジアを日本のその資源、供給地としてずっとやっていこうという狙いがあり、それの一番最初だったのではないか。その辺がシャラーさんのご著書『「日米関係」とは何だったのか——占領期から冷戦終結後まで』（市川洋一訳、草思社、２００４）を読んで非常によくわかるのです。

**シャラー**：それは私が著書で論じたかったポイントでした。東南アジアの資源を活用して日本の復興につなげたい、というアメリカの当時の外交政策というものがあった。私もそのように感じていますし、もちろんほかのアメリカの歴史学者もその点に関してはだいたい意見を共にしているところだと思っています。

——駐日アメリカ大使を務めたマッカーサー2世という人がかなり岸信介について肩入れしていて、戦争中に日本がやっていたことをこういうことを言っているのです。要約すると、例えばドイツがヨーロッパを統一しようと考えたことには何も間違ったところがない。大東亜共栄圏原理や目的にも間違ったところは何もない。その点で満州国の実質的なナンバーワンだった戦前のその岸の政策を非常に評価しています。つまり戦前岸が東南アジアを資源の供給源にしようと考えていたのと、アメリカが戦後の東南アジアを日本に対する資源の供給源にしようとしていたのとは、まったく同じだと思うのです。

**シャラー：**そうです。ただここで皮肉な点が1つ考えられます。戦前はそのようなことだったと思いますが、10年後、1950年代になって、マッカーサーのジュニアのほうも駐日大使を務めていた時に少し政策に変化がありました。当然日本を独立国として考えるようになりましたが、ただしそれは、例えば経済的、政治的には自立しながらも、軍事的にはアメリカの懐に置かれる、そのような国として日本を位置付けるというふうに政策が変わってきた点です。それで面白いのが、アメリカは日本が軍事力を強化してももう良いというような考えでそれを推進するような姿勢でおりましたが、一方でアジアに対して強い力を日本が完全に持つということに対しては反対の考えを持っていました。

——NSC61（1961年版アメリカ国家安全保障会議文書）に「アメリカは日本に、われわれが望むだけの軍隊を望むだけの場所に、望むだけの期間を維持する権利を持つべきである」とありますが、これはもうすでに日米安保条約、吉田内閣の時の第一次安保条約の基本的な骨格そのものです。

**シャラー：**その時、アメリカ軍を日本に置くということには2つの意味合いがあったと思います。まず、ソ連や中国など共産諸国に対する軍事力というものを日本に置くということが1つ。それからアジア諸国における日本の力というものを、アメリカ側は脅威とまでは思っていませんが、その力があまりにも強大になりすぎることを懸念していたということ。その2つのポイントが意味合いとしてはありました。

――当時は朝鮮戦争があった直後だったわけですが、そうすると第一次日米安保条約の骨格というものは朝鮮戦争による危機感がもたらしたもの、というふうにも考えてよろしいのでしょうか。

**シャラー**：おっしゃる通りだと思います。ジョン・フォスター・ダレスは当時日本に対しても少し友好的に考えておりましたので、できるだけ日本におけるアメリカ軍も少なめに等々考えていたのですが、チーフスタッフ、参謀軍あるいはその国防省などとの意見がまるっきり違いました。彼らは望むだけのその軍隊を日本に置きたいという強い考えがありました。もちろんその背景には朝鮮戦争もあったし、ソ連、中国等々共産圏の力が増大するということへの恐怖、脅威。それに冷戦も始まっていましたので、当然そのあたりの背景があって、アメリカ政府としては平等ではない安保条約を結ぶということで、当時ダレスは草案作りをしていましたが、政府とダレスとの間でかなりのこの対立があったけれども、ダレスも最終的には政治的な力に自分の考えを断念したということだと思います。

## ❖憲法改正をめぐる歴史的な皮肉

――1945年から47年にかけてマッカーサーはまず初めに、GHQの中のGS（民政局）のホイットニー（コートニー・ホイットニー准将）やケーディス（チャールズ・ケーディス大佐）を使って日本を民主化させようという改革的な政策をやろうとしましたが、それは大統領選に出るというそういったことが頭にあって、そういう民主的なことも自分はできるのだというようなPRをアメリカ国内に向けて発する、そういう部分もあったのでしょうか？

**シャラー**：その通りです。ここでポイントが2つあります。マッカーサーは当時非常にライトウィングです。かなりの右で、1932年にはワシントンで非常に軍事的に強硬な人物であるという汚名を得てしまったこともありました。*それゆえ彼は、自分はもっと民主的なこともできるのだとアメリカ国民に示すべく、日本

＊　1932年、第一次世界大戦の服役軍人やその家族などがボーナスの支払いを求めてワシントンDCへ行進した「ボーナスアーミー」事件で、マッカーサーは政府の転覆を狙った共産主義者の企みだと決めつけ、彼らのテント村を焼くなど強引な鎮圧行動に出て、非難された。

をそのために使ったことがもちろんあったでしょう。そしてもう1つのポイントは、やはり冷戦です。この民主主義と軍事力という相対する両面で、マッカーサーは日本をひきつけたかと思います。

この変化のタイミングが非常に興味深い。1948年に政治的な方面に進出しようと思ったマッカーサーですが、これは失敗に終わりました。そのころアメリカ政府としては、冷戦もあってどんどん保守路線に変わっていきましたからね。

——1955年に当時の外務大臣の重光が岸と河野を連れてアメリカに行きました。その時ダレスが日本の憲法9条の廃棄を求めます。9条を廃棄して、アジアで日本がアメリカの肩代わりできるようになることを求めたわけです。憲法改正するためには、改憲するための勢力の結集が必要で、そのために岸は保守合同するという考えを述べますが、その前にダレス自身から岸に対して保守合同についてのサジェスチョンがあったとわたしは考えていますが、その点はいかがですか?

**シャラー**：保守勢力を結集するという話は、ダレスのほうから最初に言ったと思います。当時のドイツではキリスト教民主主義というものが行われていましたが、アメリカ政府としてはドイツのそういうようなモデルを日本でも使ってもらいたいと考えていた。当時日本で言う社会党派をまとめるようにということが大事だったと思います。

――ドイツがそういうモデルとしてあったわけですね。

シャラー：そう思います。ドイツの社会民主党がマルキシズムをだんだん排除していったということありますが、日本の社会党に対してもマルキシズムの考えというものを徐々にではありますが緩めていってほしい、というような願いがあったと思います。

――なるほど。

**シャラー**：もちろんアメリカ政府が、ダレスを中心に日本に対して憲法9条を廃止するよう求めたのはもちろん事実でしょうし、岸らも実際、アメリカの考えに合意するというような意味で、9条廃止に賛成していたのではないでしょうか。吉田茂ほか、彼のあとの後見者たちもそういうふうに考えた人が多かっただろうし、1970年代になっても、憲法改正はしたいが9条があるのでできないということがずっと言われてきたかと思います。

これはアメリカの外交ジョークですが、50年代から60年代、自民党はわざと圧勝しなかった。圧勝すれば、当然憲法9条が改正できてしまうから、と。

――ハハハ。9条を中心とする憲法を、アメリカが、実質的・歴史的に言えばマッカーサーが作った。それなのに、副大統領時代のニクソンが「9条は失敗だった」というふうに言ったりもしているわけで、歴史的な皮肉を感じますね。

**シャラー**：皮肉なことですね。当時の副大統領ニクソンが公のスピーチの場で、アメリカは間違ったことをした、日本に憲法9条を押し付けた、というようなことをはっきりと言いました。当時のそのスピーチの模様を私はビデオでも見たことがありますが、非常に面白かった。

――1957年に岸が初めてアメリカを訪れて、アイゼンハワーとワシントンのバーニングツリーカントリークラブでゴルフをしました。あのゴルフというのはやはり当時の岸の英語の先生であったパケナム（コンプトン・パケナム）がセットしたものなのでしょうか？

**シャラー**：そうです。パケナムがどのあたりまで関与したかは私自身分かりませんが、アイゼンハワー自体はまずゴルフ好きでしたし、岸が当時のアメリカの大使と日本でもゴルフをしたなどというような情報は入っておりましたので、そういうこともセットしたのではないでしょうか。そしてここはご承知のとおり白人のみのゴルフ場ですので、そこに岸を迎えるということで、歓迎の意を表明するというような意味があったと思います。

――今バーニングツリーゴルフクラブに、シャワールームを見たいと取材を申し入れているのですが、なかなか難しいでしょうね。

**シャラー**：私自身ゴルフをしないのでちょっとわかりませんが、そのゴルフ場の近くに住んでいたことがあります。そのゴルフ場は今もあるのでしょうか？

――あります。お電話しました。

**シャラー**：非常にスリルあることです。そういう歴史的な理由で訪れてくれるというのは、ゴルフ場としてみれば歓迎なのではないですか。岸がメジャーリーグの試合の始球式で投げたというのもありました。２つのスポーツがあったわけです。

――この時の岸とダレスの共同作業は、安保改定に向けて作業として非常に重要だったのではないでしょうか。

**シャラー**：ただ私は思いますが、ダレスは第1回目の安保を作った人物ですので、もちろん反日的な考えは持ってはいないのですが、その自分が作った最初のものが何かおかしいからこれは改正しなくてはいけない、というような感じで改正することは、なかなか積極的には考えられない、非常に難しい立場にあったと思います。アイゼンハワー、それから当時の大使のマッカーサーなどがダレスに「改正を共同で作業しなさい」というような圧力をかけたのではないかと思います。

――なるほど。

## ❖反対派にも流れたＣＩＡ資金

――岸に首相に対してＣＩＡから資金の提供があったという話をどう思いますか？

**シャラー**：そういう証拠はあると思う。賄賂的な意味合いよりは、派閥の運動資金や政治キャンペーン資金というような形で提供されたと理解しています。アメリカの当時の外交としては、日本の２つのトレンド、１つがその左派社会党を中心に安保条約に関しての反対をどんどん強めていたこと、もう１つが日本がどんどん独立に向かっていくようになっていたこと、その２つに関を懸念していましたから。

――資金はどのような形で渡されたのでしょうか？　例えば、日本に電通という広告会社があるのですが、これは１９５０年ぐらいに満州鉄道をはじめ戦前の満州の人材をかなり幅広く採用しています。聞いたところによると、ＣＩＡから電通、それから岸へという資金の流れになっていたのではないか、という話もあります。

**シャラー**：当時、ＣＩＡから経済団体や企業を通じて岸のほうに資金が流れたという記述を米国側の書類で私は目にしたことがあります。

――経済団体というのはたぶん経団連、経済団体連合会のことでしょうか。

**シャラー**：経団連です。それも一つだと思う。それから個々の企業と何かしらの契約を結んで資金を流していくということがあったと思います。

――私が聞いているところによると、例えば、アメリカのデューク社などがそうだと。それを聞いたことはありますか？

**シャラー**：それはちょっとわかりません。

――そうですか。アメリカの国立公文書館のＣＩＡの資料に岸のボックスがあるのですが、資金関係の資料はやはりほとんど入っていない。つまり公開されていないということで、かなりの秘密がまだベールに包まれているのでしょう。

**シャラー**：私がこの本を書くにあたっていろいろリサーチしているときに、本当に偶然にそれに関するような文章をほんの１つ見つけました。それはもう全然関係のない文章の中になぜか紛れ込んでいて、そこに資金のことが書いてあったのです。たまたまそれは誤って機密保持ではないという扱いになって、もともと機密保持だったものがそののちに解除された、そういう書類の中にそれが紛れ込んでいたようです。

——その文書の注意書きを見ると「植村と川島が来て、その数日後にＣＩＡが資金援助を始めた」と。１９６０年の5月に日本サイドで安保改定に反対する運動が激しかった時に、岸の盟友の川島（正次郎）がマッカーサー2世にあらためて資金の注入を訴えたということなのですが、それですね。植村というのはその後の経団連の会長になった植村甲午郎（こうごろう）です。文書にある「セグマイヤー」というのは？

**シャラー：**その当時東京の大使館に勤務していた人物の名前だと思います。ランクはわかりませんが。彼がその時川島とマッカーサーとの間の会話を記録したのだと思います。

——この時は安保反対運動の学生たち、全学連に対しても日本の経済界から資金提供があったようなのです。そうなると非常に不思議な構図です。岸に対してはＣＩＡから資金が来て、学生たちに対しては日本の経済界から資金が来ている。

**シャラー：**反対というのは、安保反対の学生たちがやはりお金を受け取ったという意味ですか？

——そうです。

**シャラー：**これもそういう話を聞いただけですが、アメリカ側では同じ学生でも安保に賛成派の学生にも資金を提供したというような話も耳にしています。

――つまり、このとき岸の政治的な行動が少し危ないので、アメリカは岸を辞めさせたらどうかということを考えていたのではないか、と。それで、日本の経済界が安保反対運動の学生たちに資金提供した、そういうふうに推測する人も日本にはいるのですが、その辺はどうお考えですか？

**シャラー**：私のほうではこのように考えています。１９６０年の夏に安保の改正があって、正式に国会でも承認されたので、もうこれでアメリカにとっては岸はもういらないのだということで、吉田茂を戻そうとそういう話もありました。ダレスは当時は死去していましたので関係がありませんが、そういうことだったと思います。意図的に学生に資金を流して反対運動を盛り上げて岸を辞任に追い込む、というようなことがアメリカ側であったとは考えています。

１９６０年の夏ですが、アイゼンハワーにはまた個人的な感情もありました。学生運動に対して妥協するでもなければそれを制するでもない、どちらでもない岸の対応に対して非常に怒りを感じていたのです。アイゼンハワーは当時日本に来たがっていて、スケジュールなども立てていた。日本とは非常に良い関係だということをデモンストレーションしようと考えていたので、日本で高まっていた反米感情を収めることを岸に期待したのに、岸はそれに応えなかった。アイゼンハワーは失望したと思います。

——なるほど。

**シャラー**：それでマッカーサーは当時、警察あるいは特殊部隊などを警備に入れて、反対運動が盛り上がる中で安全を確保するということも考えていました。非常に民主的で日本に対して協力的な立場を示そうと思っていたのですが、それなのに岸が事態を掌握できないので、非常に失望したでしょう。

——話が少し飛んで1964年ですが、このころアメリカは日本に対して兵力の拡大を求めるわけです。国務長官のラスク（ディーン・ラスク）がこういうことを言っています。現在もそうですが、日本にとってみれば在日米軍に日本の予算からものすごいお金をたくさん使っています。ですがアメリカから見れば、反対に、当時人口が9500万人もいた日本のために、カンタスの農場やピッツバーグの工場から若者を引き抜いて送り出し、またお金をかけてたくさんやっているのだ、と。そういうような対立的な見方が当時から当然あるわけです。

**シャラー**：おっしゃる通りだと思います。1965年、66年はベトナム戦争の最中でした。私も当時若者でしたが、そういう若者が徴兵されるというのは非常に一般的でした。ですから日本にも当然、経済、技術あるいは基地を日本に置いてもらうということだけの協力のみならず、日本人を出してほしいというような、ジョンソンも当時どこかで言っていたと思います。他のものは一切いらない、日本人を出してくれ、と。当然それはできないことですが、そのように同等な形での協力を求めたのです。

# 岸信介と戦後政治

加藤哲郎氏インタビュー（要約）

## ❖CIAが岸を支持

――戦後日本における岸信介の政治的役割をどう評価されていますか？

**加藤：**岸信介は戦後の日本を形作るうえで重要な役割を果たしました。彼は特に日米安保条約改定において、その意義と影響を強く意識して行動していました。ただし、彼の政治的手法には複雑な側面がありました。安保改定を通じて自主性を目指した一方で、裏ではアメリカとの密約やCIAとの関係が指摘されています。そのため、表面的には自主的な動きを見せながらも、実際には非常に制約された状況下での政治活動だったと考えられます。

――CIAとの関係について具体的にはどのように捉えられていますか？

**加藤：**岸とCIAの関係については、確証を得る資料は少ないものの、多くの状況証拠があります。CIAが岸を支持した可能性が高い一例として、岸が首相になる前の動きや、当時の政治的資金提供に関する記録が挙げられます。ただし、これらは確定的なものではなく、むしろ資料の乏しさが関係を暗示しているともいえます。例えば、他の政治家のファイルに比べて、岸に関する資料が非常に少ないことは興味深い事実です。

――安保改定における岸の意図について詳しくお聞かせください。

**加藤**：岸は安保改定を通じて日本の自主性を高めることを目指していました。彼自身、吉田茂の時代に結ばれた不平等な条約を改善する必要性を強く感じていたようです。ただし、改定のプロセスでは多くの密約が交わされ、結果として完全な自主性は達成されませんでした。また、安保改定をめぐる国内の反発は岸政権の終焉を早める結果となりました。それでも、彼が構築した安保体制はその後の日本の外交政策の土台となっています。

――岸の満州時代の経験が戦後にどのように影響したのでしょうか？

**加藤**：岸の満州時代の経験は、戦後の政治的行動に深く影響を与えました。満州での官僚主導の経済政策や阿片取引に関する噂は、彼のキャリアの中で物議を醸してきました。しかし、岸自身は満州の工業化を誇りに思っており、その成功体験が戦後の経済政策や日米関係構築に繋がったと言えます。また、戦後も彼の満州時代の人脈が重要な役割を果たしました。

――岸の政治思想や行動の背景にはどのような影響があったとお考えですか？

**加藤**：岸の思想には、長州閥や北一輝、大川周明といった人物の影響が見られます。彼は自主独立を掲げる一方で、明治時代の官僚制国家の伝統を引き継いでいました。特に日米安保改定を通じて日本の立場を改善しようとする執念は、戦前からの思想的背景と密接に関連しています。

# 第4回　昭和天皇の陰で——吉田茂

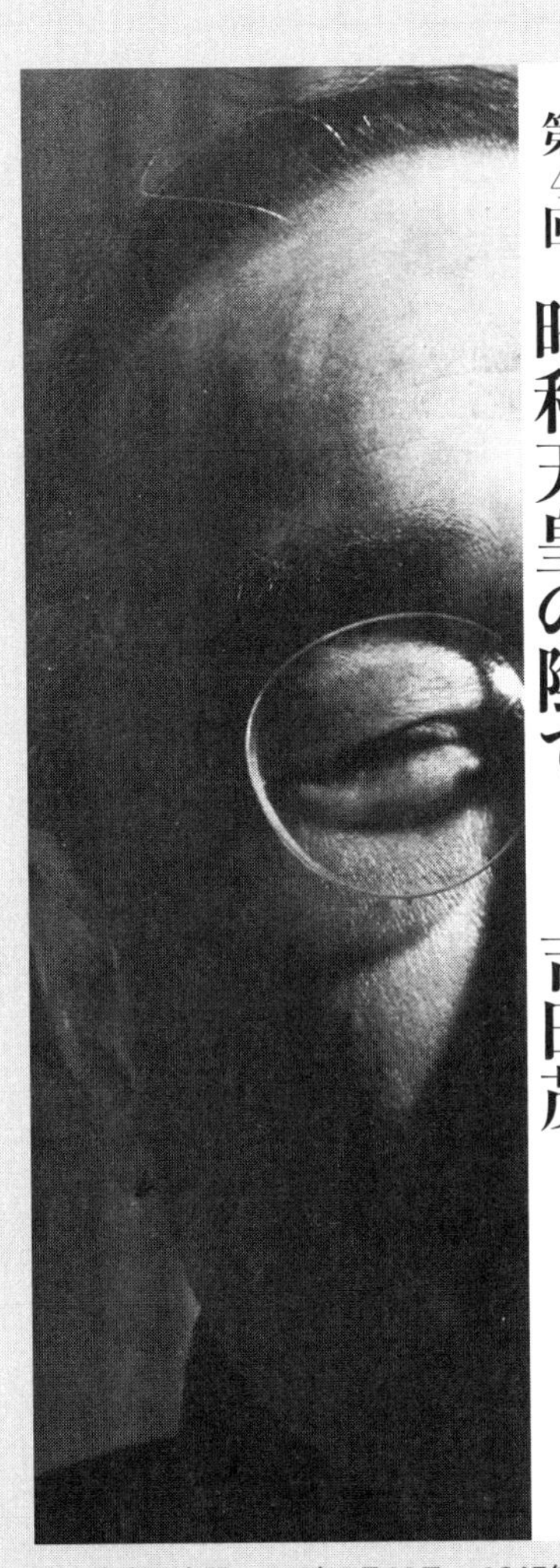

第1次吉田内閣：1946年5月22日～ 1947年5月24日
第2次吉田内閣：1948年10月15日～ 1949年2月16日
第3次吉田内閣：1949年2月16日～ 1952年10月30日
第4次吉田内閣：1952年10月30日～ 1953年5月21日
第5次吉田内閣：1953年5月21日～ 1954年12月10日

日米安全保障条約に調印した首相、吉田茂は、調印のペンを持ちたくなかった。吉田を飛び越えて米国の権力者マッカーサーやダレスと次々に結びついていったのは、天皇制始まって以来最大の危機に直面した昭和天皇だった。すべては天皇制を維持するために――。安保条約は、米国の狙い通りになった。（文中敬称略）

緑の芝生の上に並べられた何千もの石碑が、湾内の穏やかな海景を見下ろしている。米サンフランシスコ国立墓地には、南北戦争以来ベトナム戦争にいたるまで、あらゆる米国の対外戦争に倒れた兵士たちが埋葬されている。

小高い丘の上の墓地に隣り合って、Uの字形のその建物はひっそりとたたずんでいた。入り口を入ると、モノクロの写真パネルが2枚、壁にかかっていた。1951年9月1日に調印された、米国とオーストラリア、ニュージーランド3国の太平洋安全保障条約（ANZUS）の調印式典の写真だ。

廊下を奥へ歩いていくと、別の写真が掲げられていた。同年9月8日、日米安全保障条約の調印直後の写真だ。万年筆を握った首相、吉田茂は、黒っぽい背広にレジメンタルのネクタイ、胸ポケットから白いハンカチをのぞかせている。座った吉田の後ろには、米国務長官のディーン・アチソンや国務省顧問のジョン・F・ダレスら日米の政府関係者が並ぶ。

この建物は、米陸軍第6軍の元下士官クラブで、サンフランシスコ講和条約の調印式があったオペラハウスから車で30分ほどの距離にある。吉田は華麗なオペラハウスから暗い下士官クラブへ、なかば強引に連れて来られたと解説する歴史書もあるが、実際は少し異なるようだ。ちょうど1週間前にANZUSが調印されていることからもわかる通り、米政府は、軍事条約の調印に関しては、戦没兵士たちが隣に眠るこの施設で行うことにしていたと推測される。

条約締結の晴れ舞台となったこの風光明媚なサンフランシスコへ来ることを、吉田はぎりぎりまで拒んでいた。全権団を率いる役割に、前首相の幣原喜重郎や参議院議長の佐藤尚武を推し、自らは国内に残ると言い続けていた。

このため、ダレスは吉田に私信を出し、調印式に出席するよう促した。1951年7月12日には国務省の駐日政治顧問のウィリアム・シーボルトに、「もし吉田がサンフランシスコに来なければ、連合諸国に苦々しい印象を与えることになるであろう」と警告の手紙を出し、吉田本人に対しては「米国側は国務長官をはじめ超党派の有力メンバーを代表団に任命する」と言明している。

それでも出席をいやがる吉田を最後に翻意させたのは昭和天皇だった。ダレスの書簡が発送されてちょうど1週間後の7月19日、天皇に拝謁した吉田は、最終的に全権団を率いることに同意した。

まるで登校拒否の児童のようにサンフランシスコに行きたがらない吉田の姿は、「講和条約調印式で得意の絶頂を迎えた外交官政治家、吉田」というその後のイメージとはまったくかけ離れたものだ。この事実を最初に掘り起こした前関西学院大学教授の豊下楢彦は、

「それまで公開されていた文書にはまったく出てこなかった話で、吉田外交のイメージか

らすれば、非常に衝撃的な事実だった」

と語る。

吉田がサンフランシスコ行きをここまでいやがった理由は何か。その理由を知るには、マッカーサーがコーンパイプをくわえて厚木飛行場に降り立った1945年8月30日までさかのぼらなければならない。

65歳になっていたマッカーサーはこのころ、軍人から政治家へ転身する野心を抱いていた。1948年に実施される次期大統領選に共和党候補として立候補することだ。このため、連合国軍総司令部（GHQ）最高司令官の椅子は、大統領選への跳躍台の意味を持っていた。

## 昭和天皇の無罪　占領行政に必要

天皇と特攻隊の国、日本を短期で模範的な民主主義国家に変身させ、生まれ変わった独立国として国際社会に復帰させる。その後、駐留米軍はできるだけ早く撤収し、母国に帰る。この華々しい凱旋をもってすれば、次期大統領選への活路は開ける、マッカーサーの心理についてそう推測する研究者は少なくない。

厚木に降り立ってからほぼ1カ月後の9月27日午前10時、マッカーサーは、旧米国大使館内の住居で、ひとりの賓客を迎えた。この国で占領行政を手掛けるからにはいつかは出会わなければならない日本人、昭和天皇だった。

日本を混乱なく国際社会に復帰させることができるかどうか、もっと言えばマッカーサー自身が成功裏に凱旋できるかどうかは、この「神の子孫」の権威にかかっていると考えられた。天皇の権威をもとにしたこの国の官僚機構を使わないかぎり、短期間での政治形態の変更は不可能だった。

モーニングコートにシルクハットの正装で現れた昭和天皇は、震えていた。数少ない米国側目撃者の証言により、米国人歴史家ジョン・ダワーは『敗北を抱きしめて』でそう記している。

昭和天皇にとってみれば、歴史上、天皇制最大の危機だった。自分自身の生命の保証もないばかりか、これから交わされる占領軍トップとの会話一つひとつが、天皇制にとって命とりになるおそれがあった。

背中に背負う伝統を、震えながら一身をもって守り抜こうとする男。一方、地上最大の権力者、米国大統領への道を切り開こうとする男。この二人による約40分間の会話の中身は完全にはわかっていない。

マッカーサーは後に、戦争の全責任を負おうとする天皇の発言を回想しているが、会見の通訳の「手記」にはこの発言は出てこない。天皇の「遺憾」の表明があるだけだ。

しかし、会見を終えた天皇は震えから解放され、側近の木戸幸一に対して、マッカーサーが天皇自身を称賛してくれたと語った。互いに協力を必要とする二人の男の利害は完全に一致した。このときを含めて二人は計11回会見し、意見を交わした。

初の会見から4日後の10月1日、マッカーサーは、部下の准将、ボナー・フェラーズから、昭和天皇を無罪とする報告書を受け取った。その翌日、フェラーズはより詳細なメモをマッカーサーに提出した。


「もし天皇が戦争犯罪に問われれば、政府の機構は崩壊し、大規模な暴動が避けられないであろう。（略）そうなれば、大規模な派遣軍と数千人の行政官が必要となろう」（『敗北を抱きしめて』）

フェラーズの従姉妹は、天皇側近で外交官の寺崎英成と結婚していた。寺崎は、第2回と第3回の天皇・マッカーサー会見の通訳を務め、極東国際軍事裁判対策とも言える「昭和天皇独白録」の作成にも深くかかわっていた。フェラーズと寺崎は、天皇を守る共同戦線を張っていたともいえる。

それでも、昭和天皇にとって、自身の安全と天皇制の維持はまだ保証されたものではなかった。いくらマッカーサーが天皇をかばおうとしても、天皇の戦争責任を追及する国際世論、とくに米国内の世論が激しくなれば、それも難しくなる。

不安の日々の中、天皇は伊勢神宮参拝を思い立つ。１９４５年11月13日、天皇は伊勢神宮へ参拝し、それと前後して、神武、明治、大正の各天皇陵に参拝した。

原武史の『昭和天皇』によれば、このとき、天皇は歴代天皇陵を回って、戦争の結果について謝罪したいという強い気持ちを持っていた。11月20日には靖国神社に参拝し、23日には戦後初めて新嘗祭（にいなめさい）を執り行った。

昭和天皇は宮中祭祀（さいし）にこだわり続けたことで知られ、原は「そこに、裕仁＝昭和天皇という人物を読み解く一つの重要な鍵がある」（『昭和天皇』）とみる。

北朝方の血統を継ぐ昭和天皇にとって、正統の南朝方から引き継いだとされる三種の神器は、まさに「皇祖皇宗」からの正統性を証し立てる重要な根拠だった。その人生において何度も訪れた自らと「国体」の危機に際して、三種の神器と対面する新嘗祭などの祭祀に自らを没頭させたとしても不思議はない。

## ❖戦犯と第9条に救われた天皇制

新嘗祭は「夕の儀」と「暁の儀」とに分かれ、夕方から未明までかかる。神嘉殿の廊下は、侍従が持つ灯りだけによって照らされ、本殿には天皇ひとりしか入れない。天皇は正座し、皇祖神の天照大御神に米や白酒などを捧げる。

相談相手に乏しく、重要な問題についてひとり「神」と対座してきた昭和天皇は、ひとりでいてもぶつぶつと独り言を言う癖があったという（『昭和天皇』）。

マッカーサーとの会見を終え、伊勢神宮参拝も済ませた天皇は、天皇制最大の危機下で執り行った新嘗祭の夜から未明にかけて、暗闇の向こうに対座する「神」に何を問いかけ、何を聞いたのだろうか。それは、天皇制を守り抜くには、「神」のような冷厳な意思を持たなければならない、というものだったかもしれない。

天皇を糾弾する米国内の世論では、とくに開戦時のハワイ真珠湾奇襲作戦に激しい非難が集中していた。天皇の側近たちが、国際法廷に差し出すスケープゴートと考えたのが、開戦時の首相、東條英機だった。

この奇襲作戦について天皇はよく知らなかった、東條が推し進めた作戦だった――。天皇の側近たちはこんなシナリオを書いた。しかし、真珠湾攻撃について天皇はよく知っていたというのが、歴史的事実である。

１９４８年12月23日、東條英機らA級戦犯７人が処刑された。原によれば、この前後、昭和天皇は最大の精神的危機を迎えたという。

一方、１９４５年12月27日、昭和天皇とマッカーサーにとってきわめて危険なニュースがモスクワから飛び込んできた。日本占領の最高意思決定機関として極東委員会（ＦＥＣ）を翌年2月26日にワシントンに設置するという発表だった。

その権限の中には憲法改正も含まれていた。ＦＥＣ構成国の中には、ソ連をはじめ、オーストラリアやニュージーランド、カナダ、オランダなど天皇制存続に否定的な国々が多く含まれていた。このままＦＥＣが憲法改正の主導権を握れば、天皇制の存続は危うい。

この天皇制とマッカーサーの危機を救ったのは、ＧＨＱ民政局（ＧＳ）局長のコートニー・ホイットニーだった。法学博士号を持つホイットニーは、ＦＥＣが発足する前であれば、マッカーサーはまだ「いかなる措置もとりうる」として、日本政府自らが憲法改正案を作り上げることをアドバイスした。

ＧＨＱのある第一生命ビル６階に、弁護士や大学教授出身のＧＳの米国軍人24人が集められた。新憲法の制定会議だった。１９４６年2月4日、ホイットニーが24人に対し、マッカーサーの新憲法３原則を示した。

①天皇は国家元首、②戦争の放棄、③封建制度の廃止の三つで、最大の目的は一番目に掲げられた国家元首としての天皇の位置づけだった。戦争の放棄や封建制度の廃止は、天皇制を維持するために各国を説得する「取引材料」だった。

天皇制の危機を救ったのはマッカーサーやホイットニーであり、憲法9条の戦争放棄は天皇制の維持にとって欠かせないものだったという歴史的事実は、今日から見れば実に皮肉だ。

極東国際軍事裁判と新憲法制定の危機を乗り切った天皇は、戦後処理の最後の難関、講和条約と日本の安全保障の問題に突き当たった。

第9条の評価をめぐって、天皇とマッカーサーの間では食い違いが出始めていた。1947年5月6日の第4回会見では、その違いがはっきりと出た。

マッカーサーが、「日本が完全に軍備を持たないこと自身が日本の為には最大の安全保障であって、これこそ日本の生きる唯一の道である。（略）将来の見込としては国連は益々強国になって行くものと思う」と新憲法の精神を説いたのに対して、天皇はたまりかねたように本音をぶつけた。

「日本の安全保障を図る為には、アングロサクソンの代表者である米国が其のイニシアチブを執ることを要するのでありまして、此の為元帥の御支援を期待して居ります」（豊下

『昭和天皇・マッカーサー会見』）

このときマッカーサーはまだ日本の中立非武装という考えを捨てていなかったが、天皇はそれでは安全保障は保てないと考えていた。日本の安全保障を図るために米国の力に頼る、天皇は冷徹にそう判断した。

1948年4月6日、マッカーサーは、米大統領選ウィスコンシン州予備選で惨敗。敗北を知ったマッカーサーは、まるで「敷物のように沈んでいた」（マイケル・シャラー『マッカーサーの時代』）。米国でも日本でも、マッカーサーの時代は終わりつつあった。

1950年6月22日夜、東京・渋谷の松濤(しょうとう)町にあるニューズウィーク東京支局長、コンプトン・パケナム邸に、日米の政界関係者が集まった。米側は、対日講和問題の担当となって来日し、この日に首相の吉田と会見したばかりのジョン・F・ダレスと、ニューズウィーク外信部長ハリー・カーンら。日本側は元外務次官の沢田廉三や天皇側近の松平康昌らだった。夕食会の包丁を握ったのは、宮内庁の大膳寮で天皇の食事を作る秋山徳蔵だった（青木冨貴子『昭和天皇とワシントンを結んだ男』）。

## ❖ダレスに届いた天皇メッセージ

松平は、マッカーサーを厳しく批判する記事を書くパケナムに接近していた。パケナムとカーンは深くつながっており、カーンは、米中央情報局（CIA）長官となるアレン・ダレスと親しかった。そして、アレンはジョンの弟だ。

講和問題を担当するダレスにとって、吉田は不満だった。話をはぐらかし、捉えどころがなかった。

吉田は、ダレスが講和問題の担当を命じられる少し前の5月3日、蔵相の池田隼人をひそかに米国に派遣し、「米軍駐留を条件の早期講和」を米側に申し入れている。ところが、吉田は池田のほかにもうひとり、密使を派遣していた。吉田の側近で米側との折衝に当たっていた白洲次郎だ。白洲は国務省高官に対し、「米軍駐留は難しい」と語った。池田が伝えた見解とは逆の方向を向いたものだった。

外交官生活の長い吉田にとって、いくつかの選択肢を示しながら交渉を詰めていく手法は常道だった。だが、米国の国益をストレートに追求するダレスには通用しなかった。

夕食会から4日後の6月26日、帰国前のダレスのもとに、天皇からの「口頭メッセージ」が届いた。夕食会メンバーの松平、パケナムを通じたものだった。

| 1950年 | |
|---|---|
| 4月18日 | 第10回天皇・マッカーサー会見。マッカーサー、第9回会見で言及した米軍の日本駐留について、最後まで明言せず |
| 5月3日 | 池田ミッション、「米軍駐留を条件の早期講和」との吉田見解を米側に伝える。同時に派遣した白洲次郎、米軍駐留は難しいと反対の見解 |
| 6月22日 | 夜、パケナム邸夕食会。来日したダレス、カーン、天皇側近の松平康昌ら出席。天皇の料理人が包丁を握る |
| 6月25日 | 朝鮮戦争勃発 |
| 6月26日 | 天皇がダレスあて「口頭メッセージ」。「米国の当局者たちは『多くの見識ある日本人』と議論していない。見識ある日本人は追放されてしまっている」 |
| 7月29日 | 参議院外務委員会で、吉田「私は軍事基地は貸したくない」 |
| 1951年 | |
| 1月26日 | 来日中の米使節団スタッフ会議で、ダレス言明、「望むだけの軍隊を望む場所に望む期間だけ駐留させる権利」の獲得が目標 |
| 2月10日 | 天皇・ダレス公式会見。ダレス、講和条約成立への支援を要請。天皇「言わんとしたところは十分に了解している」 |
| 4月11日 | トルーマン、マッカーサーを解任、後任にリッジウェイ |
| 4月18日 | ダレス・リッジウェイ・吉田3者会談。吉田、ダレスとの会見で、自らの全権代表就任に否定的意見 |
| 7月19日 | 朝、吉田、天皇に拝謁。吉田、全権団を率いることに同意 |
| 9月8日 | サンフランシスコ講和条約、日米安全保障条約調印 |

## 日米安保条約調印まで

| 1945年 | |
|---|---|
| 9月27日 | 第1回天皇・マッカーサー会見 |
| 10月2日 | マッカーサーに対するフェラーズ・メモ。「もし天皇が戦争犯罪に問われれば、政府の機構は崩壊」 |
| 12月27日 | 極東委員会を設置するモスクワ協定発表 |
| 1946年 | |
| 2月4日 | マッカーサー、新憲法3原則を示す。①天皇は国家元首、②戦争の放棄、③封建制度の廃止 |
| 10月16日 | 第3回天皇・マッカーサー会見。新憲法9条の「戦争放棄」について、天皇「日本が危険にさらされる事のない様な世界の到来を（略）念願せずに居れません」。マッカーサー「戦争をなくすには戦争を放棄する以外にない」 |
| 11月3日 | 日本国憲法公布（1947年5月3日施行） |
| 1947年 | |
| 5月6日 | 第4回天皇・マッカーサー会見。天皇「日本の安全保障を図る為には、アングロサクソンの代表者である米国が其のイニシアチブを執ることを要する」 |
| 9月19日 | 天皇の「沖縄メッセージ」、米側へ。「天皇は、アメリカが沖縄を始め琉球の他の諸島を軍事占領し続けることを希望している」 |
| 1948年 | |
| 4月6日 | 米大統領選ウィスコンシン州予備選でマッカーサー惨敗 |
| 12月23日 | 東条英機らA級戦犯処刑。天皇「私は辞めたい」 |
| 1949年 | |
| 10月1日 | 中華人民共和国、成立 |
| 11月26日 | 第9回天皇・マッカーサー会見。マッカーサー、英米軍の数年間の日本駐留を明言。天皇「安心致しました」 |

講和問題についてもっと「多くの見識ある日本人」と話し合うべきだが、それらの人々は追放されてしまっている、これらの人々による「何らかの形態の諮問会議が設置されるべきであろう」。天皇のメッセージはこう伝えていた。

吉田は1カ月後の7月29日、参議院外務委員会で、「私は（米国に）軍事基地は貸したくない」と答弁した。駐留米軍に日本の安全保障を任せ切る天皇の考え方と真っ向から対立する。

その裏で、昭和天皇とダレスの考えは一致し、以後、急速に吉田の選択肢は狭まっていく。国連の要請に基づいて米国が日本の安全保障を図る任に当たるという外務省の当初の案は、跡形もなく吹き飛ばされた。

１９５１年2月2日、米側は、日米安全保障条約の基となる日米協力協定案を提示した。「日本領域内における米国軍の駐屯を日本は要請し、合衆国は同意する」という文言で始まり、日本側に裁判管轄権を一切認めず、完全な治外法権を盛り込んでいた。ダレスの狙い通りの内容だった。

そして同年7月7日、講和会議のサンフランシスコ開催が日本側に最終的に通知された。吉田には、全権団を率いる意思はすでになくなっていた。

## 安保政策と沖縄返還問題

### 西山太吉氏インタビュー（要約）

### ❖対米従属と引き換えの沖縄返還

――サンフランシスコ講和条約と旧日米安保条約の位置づけについて、どのように評価されていますか？

**西山**：旧安保条約は吉田茂が締結したもので、アメリカの日本駐留を日本の要請によるものとする枠組みでした。これには、日本が独自の安全保障政策を進めるフリーハンドを確保しようとする意図が見られました。一方で、戦後の国際構造や米ソ冷戦の中で日本がどのように自立するかを模索していた時代でもありました。

特に鳩山内閣の時代には、冷戦構造に巻き込まれることを避けるため、ソ連との関係改善を図り、国連加盟を実現しました。このような独自の外交努力は、今日の日本から見ると非常に躍動的で、戦後史の中で重要な時期だったと思います。

――岸信介が推進した新安保条約の背景にはどのような意図があったとお考えです

か？

**西山**：岸は新安保条約を通じて日本の安全保障を全面的にアメリカに委託する枠組みを作りました。これによって、日本の防衛政策はバイラテラル（二国間）に限定され、アメリカに大きく依存する形となりました。この条約は、日本の防衛政策を固定化し、その後の日本の自主的な外交や安全保障政策の選択肢を狭める結果となりました。

また、この枠組みの中で外務省や防衛省といった官僚機構が新安保体制を維持するための重要な役割を担うようになりました。この官僚主導の体制が今日まで続いているのです。

――沖縄返還問題についてはどのようにお考えですか？

**西山**：沖縄返還は佐藤内閣の主要テーマでしたが、その過程で多くの密約が結ばれました。特に、アメリカが核を持ち込む権利や基地の自由使用を要求し、日本がそれを受け入れる形で返還が実現したというのは、非常に不透明で問題の多いプロセスでした。

佐藤栄作自身、沖縄返還を自身の政治的遺産とすることに執着していましたが、その実態は、アメリカに従属する形で返還を実現するというものでした。これが日本全体の「沖縄化」を招き、日米同盟が固定化される大きな契機となったのです。

――戦後日本の国家形態を決定づけた要素は何だと考えますか？

**西山**：戦後日本の国家形態を決定づけた要素として、以下の二つが挙げられます。

１９５２年の講和条約で沖縄の施政権が除外されたことがまず挙げられます。沖縄がアメリカの占領下に27年間置かれたことで、米軍が全世界に軍事力を展開する拠点として利用されました。

もうひとつは新安保条約の締結です。これにより日本の防衛・安全保障をアメリカに全面的に委託し、日本が自国の運命を他国に委ねる形となりました。

この二つの枠組みがなければ、戦後の日本はより自主的な外交や防衛政策を展開できたはずです。

――沖縄密約の本質について教えてください。

**西山**：沖縄返還において密約が避けられなかったのは、アメリカの要求をすべて受け入れなければ返還が実現しないという現実があったためです。アメリカの基地自由使用や核の持ち込みを事実上認めることで、日本は返還を得ましたが、それは本質的に「美しい返還」とは程遠いものでした。

これにより、日本はますますアメリカに依存する構造が強化されました。そして、このような密約は、日米同盟の透明性を損ない、国民との信頼を損ねる結果を生んでいます。

——今日の日本の安全保障政策に与える影響についてどうお考えですか？

**西山**：日米同盟は、岸や佐藤の時代に構築された枠組みに基づいています。この枠組みは、アメリカに依存した軍事政策を基礎としており、これが今日まで続いています。自衛隊の組織や運用もアメリカ軍との一体化が進み、独自性が薄れています。

日本が本当に自主的な安全保障政策を持つには、この枠組みを見直し、より多国間の協調や国際社会との連携を深める必要があると考えます。しかし、そのためには現在の官僚主導の体制を改革する必要があるでしょう。

戦後日本の外交と安全保障政策は、アメリカとの特別な関係の中で構築されました。その影響は現在も続いており、今後の日本の進路を考えるうえで、これらの歴史的背景を見直すことが不可欠です。

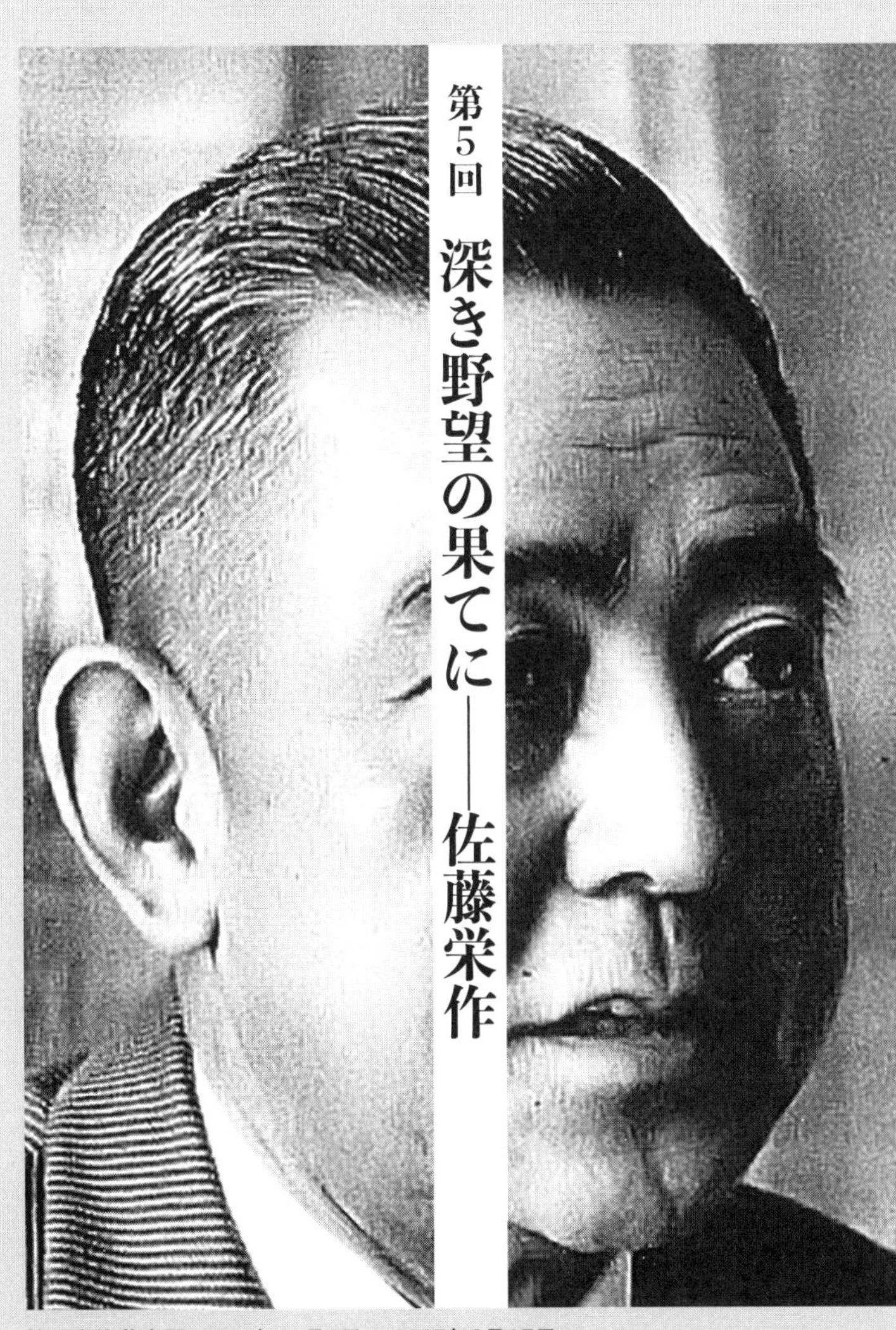

# 第5回 深き野望の果てに——佐藤栄作

第１次佐藤内閣：1964年11月9日～ 1967年2月17日
第２次佐藤内閣：1967年2月17日～ 1970年1月14日
第３次佐藤内閣：1970年1月14日～ 1972年7月7日

非核三原則を掲げて沖縄返還を果たした佐藤栄作首相は、ノーベル平和賞に輝いた。しかし、実際には核への志向性を持ち続け、潜在的な核保有能力を維持することが本当の政策目標だった。そこで秘められた「深き野望」の果てに、財政密約を暴く記者は反撃されて職を辞し、核密約の密使は自ら姿を消した。（文中敬称略）

一将功成りて万骨枯る、という言葉がある。沖縄返還時の日本の首相としてノーベル平和賞を受賞した佐藤栄作と、「沖縄核密約」の密使として闇の中で動いた一人の大学教授、若泉敬の関係を考えると、この言葉が浮かび上がってくる。

佐藤は１９７４年12月10日、ノルウェーの首都オスロで、ノーベル平和賞授賞式に臨んだ。平和裏に沖縄返還を実現し、しかも「核兵器を作らず、持たず、持ち込ませず」という非核三原則を堅持した返還だったことが高く評価された。

しかし、その27年後の２００１年、ノルウェーのノーベル平和賞委員会は、佐藤の非核政策の欺瞞性を指摘し、委員会に関係するノルウェーの歴史家のひとりは、「佐藤氏を選んだことはノーベル賞委員会が犯した最大の誤り」とまで述べた。以来、佐藤からノーベル賞を剝奪すべきだとする意見は内外に絶えない。

佐藤自身が言い出した非核三原則のうち「持ち込ませず」という方針は嘘だった。佐藤の実兄、岸信介が改定した日米安全保障条約以来、核兵器の日本寄港、通過はそれ以前と同様、何の事前通告もなく日常茶飯の出来事となっていた。

このことを米大使エドウィン・ライシャワーが池田政権の外相、大平正芳に改めて知らせたのは１９６３年4月。佐藤が政権の座に就く1年７カ月前だった。佐藤は、それでもなお表では非核三原則を打ち出し、核兵器の寄港、通過は認めないと頑として言い張った。

1964年10月に中国が核実験を成功させると、佐藤は2カ月後にはライシャワーに対して日本の核保有を示唆。翌年1月に訪米して、大統領のリンドン・ジョンソンから、日本有事の際の核兵器使用を明言されてようやく矛を収めた。

1969年9月25日、第2次佐藤政権下の外務省は内部文書、「わが国の外交政策大綱」をまとめた。核政策についてはこう記されている。

「当面核兵器は保有しない政策をとるが、核兵器製造の経済的・技術的ポテンシャルは常に保持するとともにこれに対する掣肘(せいちゅう)をうけないよう配慮する」

原子力発電所から出る使用済み核燃料は青森県六ケ所村にある再処理工場に運ばれ、プルトニウムが抽出されることになっている。これがさらに新しい燃料になってリサイクルされる「夢の核燃料サイクル」がうたわれたが、この計画はとっくに破綻(はたん)している。

再処理工場で抽出されるプルトニウムは核兵器の原料となるため、破綻した核燃サイクル計画に歴代の自民党政権がいつまでもしがみついているのは、「核兵器製造の経済的・技術的ポテンシャル」を手放したくないという願望からではないか、と研究者の間では推測されている。

外務省が「わが国の外交政策大綱」をまとめた翌日の1969年9月26日午後5時15分、ワシントンのホワイトハウスで、ヘンリー・キッシンジャー大統領特別補佐官は、「ヨシダ」と名乗る日本人と会っていた。

この男は国務省周辺では「ニンジャ」とも呼ばれていた。沖縄返還の際の核密約のために佐藤が米国に放った密使、京都産業大学教授の若泉敬だった。

「朝鮮、台湾、ベトナムに関する事前協議の問題は、なんとか事務レベルで話がつくと思うが――」

こう切り出した若泉の耳朶に響いたキッシンジャーの声には、「刃物のような鋭さ」があった。

「むろん大事なのは繊維だ」

若泉は気を取り直して本題に切り込んだ。

「ところでヘンリー、核はどうなっているのか」

「核は必要である。アメリカよりも、日本の利益のために必要ではないか」

## 沖縄の核撤去で交換条件は繊維

これらの問答は若泉の大著『他策ナカリシヲ信ゼムト欲ス』から引用した。若泉は密使の役割を果たした後、歴史の表舞台から姿を消したが、最晩年になって核密約の裏交渉の記録を克明に書き残した。

沖縄返還交渉にあたっての佐藤の方針は、「核抜き本土並み」だった。沖縄に配備されている核兵器を撤去し、日米安保条約と日米地位協定を沖縄に適用するというものだった。

国際政治学者として米政権内に友人知己を多く持つ若泉に期待されたのは、沖縄からの核撤去をめぐるニクソン政権内の情勢を探ることだった。しかし、そのうちに役割は変質し、核撤去をめぐる裏交渉の全権を任されるようになった。裏交渉の米側の相手役は、「ジョーンズ博士」と名乗るキッシンジャーだった。

米側論文によれば、アジア太平洋地域への核兵器配備状況は、１９６７年当時で総数約３２００発。このうち沖縄配備は嘉手納（かでな）弾薬庫を中心に約１３００発、第２位の韓国の約９００発を引き離していた。

しかし、沖縄からの核撤去は米政権内では比較的早くから検討されていた。沖縄返還交渉の裏表を米側公文書などから克明に跡付けた琉球大学教授、我部（がべ）政明の『沖縄返還とは何だったのか』によれば、1967年の時点で、ジョンソン政権の国防長官ロバート・マクナマラはすでに沖縄からの核撤去を考えていた。

沖縄の基地をこれまでと同じように自由に使うことができ、アジア太平洋地域での日本の政治的、経済的役割を拡大させるならば、核兵器を撤去させた上で日本に返還してもいい。マクナマラはこう考え、この方針は引き継がれていく。

さらに、我部が発掘した1969年7月3日の米側戦略文書は、交渉の最終段階で米側が核撤去に合意するだろうという感触を日本政府もつかんでいると記述していた。その裏には、日本側から最大限の譲歩を引き出すために、米側が周到なリーク作戦を展開した事情があったのではないか、と我部は推測している。最終的に核兵器撤去に合意する可能性をほのめかし、日本側から交換物をいただこうという作戦である。

では、米側が日本側からいただこうとした最大限の譲歩とは何だったのか。それは、佐藤に直結する「ニンジャ」若泉の耳朶を打ったキッシンジャーの、「むしろ大事なのは繊維だ」という言葉に表現されていた。

日本から米国への繊維製品輸出は、日米間の最初の貿易摩擦問題となりつつあった。米南部の繊維業は日本製品との競争に敗れ、閉鎖した工場も少なくなかった。南部の繊維業界は強力なロビー活動を展開し、ニクソンは1968年の大統領選で、日本側に特別の対策を求めると公約していた。

このため、「以前から検討していた沖縄からの核兵器撤去は最後には認めるが、その代わり日本からの繊維製品輸出は自主規制してもらう」。これがニクソン政権が描いた戦略だった。

しかし、闇のパイプ役を演じたキッシンジャー、若泉ともに国際政治学が専門で、繊維や経済政策の知識はほとんどなかった。若泉の報告を聞く佐藤も、自らの業績に直結する沖縄返還問題には強い関心があったが、ニクソンが米国内で直面している繊維問題には関心が薄かった。

1969年11月19日、ホワイトハウスの大統領執務室で、ニクソンと佐藤の首脳会談が始まった。会談の終わり間際になって、ニクソンは佐藤を執務室の隣の小部屋に誘った。収蔵している美術品を見せるという口実だった。通訳抜きで入った小部屋には「ジョーンズ博士」が待ち構えていた。

ニクソンと佐藤は準備された書類にサインした。若泉とキッシンジャーが描いたシナリオ通りだった。

「TOP　SECRET」と冒頭に記されたその文書には、米側が沖縄から核兵器を撤去する代わりに、日本を含む極東地域に「重大な緊急事態」が生じた場合は、沖縄に核兵器を再持ち込みし、通過させる権利を米側が持つことが記されている。これに対して日本側は、そのような事前協議が米側からあった時には「これらの要件を遅滞なく満たすであろう」としている。

## ◇ニクソンの痛撃　角栄が事態救う

簡単に言えば、日本を含む極東での有事の際には、沖縄に核兵器が再配備されることを日本の首相が認めたということだ。そして、米側の核撤去の見返りに佐藤が若泉を通じて譲歩した問題は、繊維製品輸出の自主規制だった。このころ盛んに使われた「糸と縄の交換」という批判の言葉を佐藤はきらっていたが、裏交渉の実態を言い当てていた。

この日の『佐藤栄作日記』を読むと、素直な喜びの表現が見える。

「予定通りの儀式を終り大統領と会談。沖縄の核問題が主題。案ぜられた議案だが軌道の上を予定通り走り、正午前には妥結。一同によろこんで貰(もら)った。大成功。本土なみ核抜きが実現、ほんとに有難う」

そこでは秘密合意文書の件はもちろん一行もなく、慎重に避けられている。

一方の当事者であるキッシンジャーの回想録『キッシンジャー秘録』をひもとくと、交渉を振り返った上でキッシンジャーはこんなことを言っている。

「ある意味では、われわれは、たんに体裁をめぐって論議し合っていたわけだ。核兵器の持ち込みといった重大問題は、古くさいコミュニケの文句いかんではなく、その時の客観条件に応じて決定されるものだからである」

この考え方は、当時外務省条約局で条約案文作りに携わっていた元駐米大使、栗山尚一(たかかず)にも共通している。

「日本の安全保障に重要な影響を及ぼすような状況の時に、アメリカが言ってきた核兵器を断るか、持ち込みを認めるかはその時の日本政府が判断する。だから、『何年前に書いた紙なんて意味はないんだ』と言うキッシンジャーの考えはまったくその通りだ」

栗山の記憶によれば、この時米側が固執していたのはいかに基地の自由使用を維持するかということで、核撤去問題は二の次だった。

一方、佐藤にとっては、核撤去という象徴的な問題で失敗するわけにいかなかった。ニクソンはここにつけ込み、繊維問題で最大限譲歩しなければ核撤去はおあずけだと、若泉の口を使って佐藤に強烈に伝えたかったのだろう。

しかし、それでも佐藤は動かなかった。繊維問題担当の通産相を大平から宮澤喜一に代えても進展はなかった。1971年7月5日、佐藤は内閣を改造し、通産相に田中角栄を起用した。

その10日後の7月15日、佐藤は衝撃的なニュースに直面する。テレビに出たニクソンは、翌1972年5月までに中国を訪問すると表明した。佐藤はそれまで米国に同調して、国際的に孤立しながらも、台湾の国民政府に国連の代表権があるという立場をとってきた。その佐藤を置き去りにしての対中接近だった。

さらに1カ月後の8月15日、ニクソンは金ドル交換の一時停止と10％の輸入課徴金の新設などを柱とするドル防衛策を発表した。円の対ドル切り上げをもたらす二つ目の「ニクソン・ショック」だった。「核抜き本土並み」の条件で沖縄を返還したにもかかわらず、約束の繊維製品輸出の規制策を講じようとしない佐藤への痛烈な制裁だった。

繊維問題の裏交渉は相変わらずキッシンジャーと若泉が担当したが、まったく進まなかった。このため、ニクソンは第1次世界大戦中にできた「対敵取引法」を持ち出し、10月15日までに解決しなければ同法を発動して繊維製品の輸入割当を強行すると通告してきた。

この事態を救ったのは、通産相に就任したばかりの田中だった。田中は対米輸出を自主規制させる代わりに、業界の救済措置として2千億円の予算を確保した。対米輸出問題の解決には、首相の佐藤や大蔵省主計局の担当主計官を自ら説得できる田中の国内政治力が最後に必要だった。

『佐藤栄作日記』を見ると、こうある。

「十月十四日　木（略）田中通産大臣が寸暇を見て繊維交渉の概略を報告してくれる。これで一段落の見透しもつく」

「十月十五日　金（略）対米繊維交渉はうまく行きさうだとの事だが夜九時すぎ妥結した。色々の批判もある事と思ふがまづまづの結末かと思ふ」

死の直前まで綴った全6巻の『佐藤栄作日記』に若泉の名前が登場する箇所は合計84カ所。繊維問題解決後も何度も登場し、1972年3月23日には、「若泉敬君が早くやって来て、キッシンジャーが四月の終りに来日するので鎌倉で日曜日に会ってくれとの事」などの記述が見える。

さらに『佐藤栄作日記』を読み進めると、歴史的な問題が浮かび上がる。若泉がキッシンジャーとの面会を申し入れた4日後の記述。

「三月二十七日　月（略）横路君が三つばかり保留して十分を残しあすにつながる。外務省の電報案なるもの及び沖縄駐留の給油機が問題となる。調査を要する」

その後の日記には「毎日の西山太吉記者」という記述も見える。

毎日新聞政治部の記者、西山は沖縄返還交渉を取材、記事を書き続けていた。沖縄返還協定調印式のあった翌日の1971年6月18日の毎日新聞3面には「交渉の内幕」と題した西山の解説記事が掲載されている。

軍用地の返還にあたって、本来米側が負担すべき原状回復費用400万ドルを日本側が肩代わりしたのではないか、とする西山の指摘は正確だった。西山の手元にはこの事実を裏付ける重要な証拠があった。それが、佐藤が日記で記した「外務省の電報案」だった。

沖縄返還の際に余計な金は1ドルも支払わないというのが米側の基本方針だったが、米軍が軍用地として接収した土地の原状回復費用についてもこの方針は貫かれた。簡単に言えば、どんなに土地を汚しても弁償しない、ということだ。

1971年6月9日にパリで開かれた外相、愛知揆一と米国務長官ウィリアム・ロジャーズの会談でこのことが問題となり、議論の途中経過が電報で東京・霞が関の外務省に送られた。西山はこの「電報案」を入手、直後の解説記事でこのことを指摘し、ほぼ9カ月後の72年3月に社会党衆院議員の横路孝弘に渡し、国会で追及させた。

佐藤は日記では「調査を要する」としているが、日記を書いた時点で肩代わり密約を知らなかったとすれば自らの職務に怠慢、知っていたとすれば、日記そのものが後年の公刊を予期したものだったことになるだろう。核密約の記述を慎重に回避している点から見ても、後者の可能性が高い。

横路は国会で追及しながらも「電報案」を外務省幹部に見せるミスを犯し、取材源を特定された。佐藤の反撃が始まった。取材源となった外務省職員と西山はそれぞれ職を失い、国家公務員法違反の容疑で逮捕された。西山の有罪は最高裁で確定したが、その一方で密約文書の開示請求訴訟を起こし、２０１０年4月、東京地裁で全面勝訴した。

## ❖使命貫いた西山　若泉は自死選ぶ

「電報は私が書いたものなんです」

こう語るのは、栗山だ。愛知・ロジャーズ会談に同席してメモを取った栗山は、その時の記憶を語った。それによれば、ロジャーズは、沖縄返還の際に1ドルも資金負担をしないという前提で議会の了解を取っている米側の事情を説明、原状回復費用も日本側が支払うという経緯を紙に記してほしいと言ってきた。愛知は返答を保留したが、本省側にそのやり取りを説明するために送ったのが、その電報だったというわけだ。

しかし、愛知はたしかに自分の名前で記録を残すことは最終的に断ったが、日本側が肩代わりしたという歴史的事実は残った。この事実をつかみ、正確に指摘した西山は、時の政権の反撃にあって、その後の人生において辛酸をなめながらも、この国のジャーナリズムをただ一人守り抜いた。

後に沖縄返還交渉をめぐる密約の数々を光の下にひき出した我部によれば、400万ドルの肩代わりはほんの氷山の一角だ。日本政府が国内向けに説明する米側への支払額3億2千万ドルの内訳はすべてでたらめだった。どんぶり勘定で、支払総額はこの額をはるかに超えている可能性が高い。

「沖縄と、そこに住んでおられる100万人の日本人が日本に復帰する。そのために敗戦国が戦勝国から領土を返してもらう。その際に金銭的なものも含めてある程度の対価を払うという判断は政治レベルで存在してもおかしくないと思う」

返還交渉の現実に直面した栗山は、現在こう話す。一方の西山は、米国との密約の数々を隠し続けた佐藤についてこう語っている。

「本当だったら、リアルな深刻な問題を隠さないで説明すべきだ。それを隠し通して、自分は最後の偉業を成し遂げた、ということはおかしい」

1996年7月27日、若泉は、福井県鯖江市の自宅の病床に著作権継承者や弁護士、出版社編集者らに集まってもらった。『他策ナカリシヲ信ゼムト欲ス』の英訳本公刊がその席で決まったが、若泉自身はその日のうちに亡くなった。

密使役から退いて後、沖縄への長い慰霊の旅の果てのことだった。この日の出席者に取材し、遺族の手紙を読んだジャーナリストによれば、その死は薬物による自殺の可能性が高い。

## 沖縄返還交渉と日米関係の内幕

栗山尚一（たかかず）氏インタビュー（要約）

### ❖密約と妥協の上の主権回復

――沖縄返還交渉における表と裏の動きについてお聞かせください。特に核問題や密使に関するエピソードに関心があります。

**栗山**：沖縄返還交渉の中心であったのは、表向きの交渉と密使を用いた裏交渉の両方が存在したことです。若泉敬氏が密使として活動していたことについて、当時の外務省全体としてはほとんど知らされていませんでした。佐藤栄作首相が若泉氏を密使として活用した理由は、総理大臣として外務省以外のルートから情報を得たいという判断に基づくものでした。このような動きは国際的にも珍しくはありませんが、問題は外務大臣や関連部署にその情報が伝えられていなかったことです。

その結果、若泉氏が交渉した内容や文書が、後に公表された際には驚きを伴いました。特に、核抜き本土並み返還という表向きの約束に対して、裏では核再持ち込みの密約が存在していたことが議論を呼びました。このような状況は、総理大臣と外務省の連携の重要性を改めて浮き彫りにしました。

——核持ち込み問題や事前協議について、日本政府の対応にはどのような課題があったのでしょうか？

**栗山**：核持ち込み問題については、1969年の佐藤・ニクソン共同声明が重要な意味を持ちます。声明には〝事前協議を経ない核兵器の持ち込みは認めない〟と明記されていました。しかしこの事前協議制度は、日本側に一定の拒否権を与えるものでありながら、実際には有事の際にはイエスと言わざるを得ない余地を残していました。

事前協議制度の本質は、米軍の行動が日本の安全保障にどのような影響を与えるかを日本政府が判断する権利を確保する点にありました。しかし、説明不足から国民には歯止めとしての側面だけが強調され、実態との乖離（かいり）が生じました。このギャップは沖縄返還交渉でも表面化しました。

——沖縄返還の際の財政負担について、密約の存在が問題視されています。この点についてはいかがですか？

**栗山**：沖縄返還に伴う財政負担のうち、3億2000万ドルの支払いは表向きの取り決めでしたが、その内訳については外務省が詳細を把握していなかった部分が多く、実際には大蔵省が交渉の主導権を握っていました。その中で、400万ドルの軍用地原状回復費用が密約の一部として扱われました。

ロジャース米国務長官が〝日本政府が400万ドルを負担する〟との文書を作成するよう要求した際、日本側は拒否しました。しかし、最終的に吉野文六氏が書簡を作成し、これが密約として問題視されました。この件について、外務省内では情報共有が不十分であったことが後に明らかになり、対応の不備が指摘されました。

——返還交渉全体を通じて、日本政府の姿勢にはどのような特徴があったのでしょうか？

**栗山**：沖縄返還は戦後日本の外交における重要な節目であり、日本政府はその実現のために一定の妥協を余儀なくされました。特に、日米安保体制の維持を最優先とした結果、核問題や財政負担といった課題が後回しにされる場面もありました。

一方で、政府は返還を成功させるための国内調整にも苦心しました。非核三原則が掲げられる中で、核持ち込みやトランジット問題に関する説明は曖昧なままでした。これが後に密約疑惑として表面化し、政府への信頼を揺るがす結果となりました。

――沖縄返還が現在の日米関係に与えた影響をどのように考えますか？

**栗山**：沖縄返還は、戦後日本の主権回復の象徴的な出来事であると同時に、日米同盟の枠組みを固定化する契機となりました。返還交渉で生じた密約や不透明な取り決めは、現在も日米関係の課題として残っています。

しかし返還そのものの意義を考えると、沖縄が日本に復帰したことは、戦後史において極めて重要な出来事です。その過程で発生した問題については、過去の教訓として正確に理解し、今後の政策に反映させる必要があります。

沖縄返還交渉は、日本の戦後外交における最大の成果といえる一方で、多くの課題を伴うものでした。その複雑な歴史を振り返ることで、日米関係の現状をより深く理解する手がかりが得られるのではないでしょうか。

第１次田中内閣：1972年7月7日～ 1972年12月22日
第２次田中内閣：1972年12月22日～ 1974年12月9日

日米間の危機を救った日本のニュースターの出現に米国の期待は高まったが、やがてそれが誤算だということに気がつく。新星・田中角栄はロッキード事件で地に堕ち、米国の空に輝いていたニクソンもウォーターゲートの果てに落下する。そこには、いくつもの誤算と、支払わなければならない代償とがあった。（文中敬称略）

前夜の宿泊地から、椰子の木立やいくつもの白い波頭を車窓に眺めながら車で1時間と少し。島の最北端にあるそのホテルは太平洋に小さく突き出した岬の上に立ち、開放されたロビーは四囲の海からの風を受け続けている。

6階に上ると、エレベーターホールは大きな窓に囲まれ、岬の両側に広がる海からの光を浴びている。奥の部屋までまっすぐに伸びた廊下は、反対に自然光を一切遮断し、規則的に配置された明かりがクリーム色の壁を浮かび上がらせる。

奥にある最上級のプレジデンシャル・ルームまでは、柔らかい絨毯の上を90歩ほどだ。暗い廊下を自分自身と向かい合いながら歩いていくその男――田中角栄――は、何を考えていたのだろうか。

1972年8月31日、ハワイ時間午後1時過ぎ、首相の田中は、米国大統領、リチャード・ニクソンが待つオアフ島最北端のクイリマ・ホテルに到着した。前夜の宿泊地は、盟友・小佐野賢治がワイキキビーチに所有するサーフライダー・ホテルだった。

首相就任後、米国大統領との初めての首脳会談だった。大きな議題は二つ、田中新政権が取り組む日中国交正常化問題と、拡大しつつある日米貿易不均衡問題だった。二つとも田中政権の宿命的な大問題だった。

田中の前の首相、佐藤栄作は沖縄返還を成し遂げたが、核密約に絡んで約束した繊維製品の輸出自主規制を果たさず、人知れず裏切られたニクソンの怒りを買っていた。このためニクソンは、佐藤に知らせず日本を置き去りにして米中和解を果たし、さらに突然のドル防衛策を打ち出して日本経済を窮地に陥れた。

佐藤政権末期に通産相に任命された田中は、繊維業界に対する補償金をなかば強引に確保することで自主規制策をまとめ、日米間の危機を救った。首相となった田中は、米国に置き去りにされた中国との関係正常化を目指し、繊維製品だけでなく米国との全般的な貿易不均衡問題の解決に取り組まなければならなかった。具体的には農・水産物や民間航空機、ヘリコプター、ウラン濃縮サービスなどの輸入・購入問題だ。

このうち民間航空機は1972、73年度中に約3億2千万ドル相当の輸入が見込まれ、日本航空と全日空2社が、ボーイングの747かマクダネル・ダグラスのDC10、あるいはロッキードのトライスターの3機種のうち、いずれかを購入することになっていた。

このころ、米国内ではベトナム戦争による特需はピークを過ぎ、軍需産業は不況のただ中に落ち込みつつあった。国防総省(ペンタゴン)は財政を縮小させてロッキードは最大の経営危機を迎え、同社を救う製品は民間航空機のトライスターだけという状況だった。

ロッキードの工場を抱え、雇用危機に襲われたカリフォルニア州を最大の地盤とするニクソンは、ロッキードを助けるために2億5千万ドルの緊急銀行融資に政府保証をつけた。しかし、トライスター頼みという危機的な状況は変わらなかった。

ハワイでの日米首脳会談が開かれる11日前の1972年8月20日午後、東京・羽田空港に、ロッキード社長、アーチボルド・カール・コーチャンが降り立った。全日空へのトライスター売り込み作戦の陣頭指揮に当たるためだった。

翌21日昼過ぎ、コーチャンは、ロッキードの代理商社、丸紅本社16階のレセプション・ルームで、社長の檜山廣（ひやまひろ）と、常務の大久保利春らに対して、首相の田中にトライスターをPRしてほしいと頼み込んだ。

## ニクソンと田中航空機の話出ず

月末のニクソンとのハワイ会談の際の話題でライバル社に後れを取れば、敗北が決定的になるからだ。だが、コーチャンの回想（『ロッキードの売り込み作戦』）によれば、この時はまだ、田中たちに金を渡すという考えはなかった。

翌22日、大久保から、田中への支払いとして初めて5億円が提示された。その後、ロッキードの秘密の代理人、児玉誉士夫に会い、国際興業社主の小佐野を抱き込むためにさらに5億円が必要だと言い渡された。すでに児玉には成功謝礼として5億2千万円の支払いを約束しており、瞬く間に三つの5億円支払いを抱え込んでしまった。

翌23日午前、さっそく大久保から結果を知らされた。この日の朝、檜山が田中を訪れ、「あの約束」をしてきたということだった。コーチャンにとって、どんな形で5億円の話をしてきたのか想像もできなかったが、そのことを大久保に問い詰める気はなかった。

この檜山・田中会談は後のロッキード裁判で争点となる。検察側はこの時に請託があり、田中が「よしゃ、よしゃ」と応じたとしたが、田中は完全否定。檜山自身も公判で、「(検事の)作文だ」などと真っ向から否定している。

ただ、檜山は、「5億円相当の献金をしたい」というコーチャンの伝言を伝え、田中からは断りの言葉はなかった、ということも別の日の公判廷で述べた。しかし、その場合でも、献金の趣旨については何一つ話さなかったと証言した。

政治基盤に衝撃を与えるロッキードの経営危機を回避したいニクソン。同社からの献金の申し出を伝え聞いた田中。

暗い廊下を抜け、そのドアまで90数歩。大きい部屋の扉が開くと、太平洋からの陽光が部屋いっぱいに広がっていた。

「ハワイへの招待を感謝する。御招待がなくとも、できる限り早い時期に貴大統領とお目にかかりたいと考えていた」

田中はまず、ニクソンの目を見つめてあいさつの言葉を述べた。情報公開法に基づいて外務省が開示した議事録によると、田中はこの後、日米友好関係の強化を望む昭和天皇の伝言と、沖縄返還に対する感謝や訪米希望を述べた前首相、佐藤の伝言を伝えた。

「佐藤総理は古い友人としていつでも歓迎申し上げる。天皇陛下に対しては自分の最大の敬意をお取り次ぎいただきたい」

ニクソンは、田中の目を見返してこう答えた。

会談はまず貿易不均衡問題に入り、田中は黒字を減らして、対外援助を増やしていくと語った。国内の開発政策を優先させていきたいという持論も展開した。これに対してニクソンは、欧州との連携の重要性をまず述べた。続けて対中国政策では、田中は、日中国交の回復を目指すことを明言し、ニクソンは、対中政策で日米が対立することがないように釘を刺した。

この後、外相の大平正芳や米国務長官ウィリアム・ロジャーズらが加わったが、議事録の中にはトライスターの「ト」の字もない。米側が作成した議事録にも出てこない。

議事録を精査した朝日新聞記者の奥山俊宏によれば、会談終了後、ホテルの庭を15分間散策した田中とニクソンの会話の記録だけは見つかっていない（「法と経済のジャーナル Asahi Judiciary」）。

しかし、通訳を担当した当時の外務省北米第二課長、宇川秀幸は、1982年4月14日の東京地裁公判廷で、「食事の際など非公式会談」でも民間航空機の話は出なかった、と証言した。通訳を介さずにロッキードやトライスターの話ができたとは考えにくい。

ハワイからの帰国後1カ月とたたない1972年9月25日、田中は大平とともに日航特別機で北京を目指した。同行した当時の外務省条約課長、栗山尚一（たかかず）はこの時の機内で、外務官僚たちに向けた田中の政治家らしい言葉を聞く。

「俺は手ぶらで帰ってもいいんだ。君たちの思うようにやりたまえ。あとは自分が責任を取ればいいんだ」

田中の絶頂期だった。毛沢東と周恩来を相手に国交回復を成し遂げ、その前後を通じて秘書の佐藤昭子にこう言っていた。

「中国の次はソ連だ、ソ連だよ」(佐藤『決定版　私の田中角栄日記』)

## ◇独自の資源外交　罠に落ちた田中

実際にクレムリンを訪れ、ソ連共産党書記長、レオニード・ブレジネフと相対するのはほぼ1年後の1973年10月8日だった。日ソ合わせて50人ほどの官僚、政治家が集まった大会議室。壁にかけられた大きなシベリアの地図のあちこちをポインターで指し示しながら、埋もれた資源の状況を説明するブレジネフの姿があった。

この時、日ソともにチュメニ油田が開発の焦点と見ていたが、具体策作りは進まなかった。油田開発の前に北方領土問題の壁が立ちふさがっていた。

会議の途中、ブレジネフにメモが渡されて討議が中断した。第4次中東戦争が始まっていた。戦況は目が離せなかった。イスラエルの後ろには米国が控え、アラブ側にはソ連が立っている。世界の火薬庫、中東での戦火は、第3次世界大戦への導火線となりうる危険があった。

対イスラエル戦に参戦したアラブ諸国は原油価格を一方的に引き上げた。エネルギー資源の乏しい日本にとって戦後経済最大の危機が訪れるとともに、田中個人の人生も、この時を境に急速に暗転していく。

アラブ諸国は、敵対国の米国とオランダには石油輸出を全面禁止し、産油国自体の石油生産量を毎月減産していく方針を打ち出した。エネルギーのほぼ50％を石油に依存する日本経済はたちまち行き詰まり、品不足、値上がりが心配されたトイレットペーパーの買いだめパニックが全国に波及した。

中東戦争以前から、田中の著書『日本列島改造論』が火をつけた列島改造ブームが地価急騰をあおっていたが、この第1次石油ショックが文字通り火に油を注いだ。物価は高騰、消費者物価指数は翌1974年に前年比23％の上昇を記録し、「狂乱物価」と呼ばれた。

実は田中は、第4次中東戦争以前の1973年9月26日にフランスのパリ国際空港に降り立っていた。ソ連を最後に、フランス、英国、西ドイツを歴訪する旅だった。歴訪の目的は、濃縮ウランの獲得や北海油田への開発参加など、米国だけに頼らない独自の資源獲得外交だった。財界の資源派と呼ばれていた日本興業銀行トップの中山素平や日本精工社長の今里広記、理研会長の松根宗一らもこの旅に同行していた。

資源外交を支えていた首相秘書官の小長啓一によれば、田中は資源情報を素早くのみ込んだ。日中戦争のさなか、田中は一兵卒として中国に渡り、厳しい燃料事情の下で車などには乗せてもらえず、毎日歩き通しだった。燃料確保の必要性はその時から痛いほど知っている。小長が田中から直接聞いたエピソードだ。

独自資源を求める旅の最後に第4次中東戦争に直面した。歴史の皮肉を前に米国から迫ってきた強圧について、当時の通産相、中曽根康弘が証言している。

1973年11月、米国務長官、ヘンリー・キッシンジャーが中曽根のもとへ飛んで来た。中曽根は、米国の国際石油資本が備蓄する石油を日本に融通してくれるよう頼んだが、断られた。そしてキッシンジャーは、「アラブ側と妥協するな」とさらに迫ってきた。

中曽根は「日本経済を壊滅から守るにはアラブ側との妥協もやむを得ない」（中曽根『天地有情』）と言い放ったが、そのまま5分間ほど沈黙が続いた。記者たちが待ち構える部屋の外に出る時には二人とも笑顔を作り、友好ぶりを演出したが、実際は決裂だった。

キッシンジャーは1968年の共和党大統領候補指名選でネルソン・ロックフェラーの外交顧問を務め、ロックフェラー家当主、デーヴィッド・ロックフェラーの自伝にも相談相手として何度も登場している。ロックフェラーは米国最大の国際石油資本、スタンダード・オイルの創始者だ。

1973年12月10日、田中は、副総理の三木武夫を特使として中東8カ国に派遣。同25日、アラブ石油輸出国機構（OAPEC）は日本を「友好国」と宣言、必要な石油量を輸出することを決定した。

石油ショック前から独自の資源外交を進めた上、イスラエルと国際石油資本に大損害をもたらした米国の天敵にすり寄った田中に、キッシンジャーの怒りが爆発した。国務省内の会議で田中をこき下ろす発言が記録されている。

1974年10月、月刊「文藝春秋」11月号に田中の「金脈問題」を追及する立花隆のリポートが掲載された。同22日、田中は外国人記者クラブの会見に出席、弁明に追われた。この会見を機に日刊紙が田中の金脈問題を追及し始める。12月9日、田中は首相を辞任した。

1976年2月4日、米国上院の多国籍企業小委員会で、「ロッキード事件」が表面化。同7月27日、田中は東京地検特捜部に逮捕された。

逮捕の直前、「中央公論」7月号に「アメリカの虎の尾を踏んだ田中角栄」という記事が出た。書いたのは田原総一朗。田原は、独自の資源外交を展開した田中は国際石油資本の怒りを買い、ロッキード事件を仕掛けられた、と書いた。

同誌の翌8月号に、田原はさらに驚くべき記事を載せた。「元閣僚だった国会議員」の語った証言として、日中国交正常化やソ連訪問などの田中外交はあらかじめ米国が仕組んだものだった、と書いたのだ。

「資源外交は、いわば〝はしゃぎすぎ〟のつまみ食いで、たちまち主人から大目玉をくらったわけですな」

田原に対し、「元閣僚だった国会議員」は、こう語っている。
この記事から約37年が経過した現在、田原は筆者に、この国会議員の名前を、「もういいだろう」と明かしてくれた。それは、第2次田中改造内閣で外相を務めた木村俊夫（1983年没）だった。外相という立場を考えれば、その情報を軽くみることはできない。
独自の資源外交のためにロッキード事件を米国に仕掛けられたのではないか、とする見方は田原だけのものではない。自らの体験を基に中曽根もその見方を採っている。後に中曽根はキッシンジャーからひそかにこんな言葉を聞いた。

「ロッキード事件は間違いだった」（中曽根『天地有情』）。あるいは、「田中をやったのは間違いだった」（『中曽根康弘が語る戦後日本外交』）。

もちろん、立花のように米国仕掛け説を完全に否定する論者もいる。確かにコーチャンは、大久保に催促されて丸紅側に5億円を支払っている。一方、田中の秘書だった榎本敏夫は、田原の取材に対して5億円の受け取りを認めている。ただ、榎本はロッキードからの金ではなく、首相就任の「お祝い」として受け取った、と田原に語っている。

東京地裁の一審で敗れた後、田中は弁護人を入れ替えた。一審では法曹界の重鎮を集めたが、名前だけで機能しなかった。東京高裁の二審では、学生運動を経験した若手弁護士を起用した。若手弁護士たちは榎本発言をどう考えるかで悩んだ。それまでの弁護方針は、5億円の受け取りなどは一切ないという完全否定だったからだ。

若手弁護士の中心だった石田省三郎は1985年2月24日午前8時ごろ、東京・目白の田中邸を訪ねた。榎本発言について田中の意見を聞くためだった。発言が真実であれば弁護方針を切り替える必要があった。

## 米国という妖怪　実力者の周りに

しかし、その朝、田中はウイスキーをあおって酔いつぶれていた。2週間余り前の同7日、竹下登を中心とする田中派40人が、「創政会」という派中派を結成した。それ以来、田中は朝から酒を飲み、荒れていた。裁判対策を話し合う状況ではなかった。

石田はその場を辞したが、その3日後の同27日、田中は「脳梗塞（こうそく）」（佐藤『決定版　私の田中角栄日記』）で倒れ、東京逓信病院に緊急入院してしまった。

石田とともに二審から弁護人となった小野正典は、5億円を渡した丸紅の社長室長、伊藤宏と、受け取った榎本の間にはロッキードとは別のことがあったのではないか、と考えている。

「事件はアメリカが仕組んだことは間違いないでしょう。単にロッキードの一存でやったということではないと思います」

小野は現在、こう振り返っている。

1993年12月16日、田中は息を引き取った。裁判は「被告人死亡につき公訴棄却」となり、事件の真相は深い闇の中に埋もれたままとなった。

一審の裁判をすべて傍聴した小沢一郎は、田中の無罪を強調し、当時の首相、三木と米国の田中つぶしの思惑が一致したとみている。その小沢は政治資金規正法違反（虚偽記入）容疑で強制起訴されたが、無罪となった。杜撰（ずさん）な捜査と無理な事件の構図に、裏側に米国の思惑があるのではないか、と盛んに論議された。

その真相もやはり深い闇の中にある。この国の首相や実力者の周りには「米国」という名前の妖怪が、今も漂い続けている。

## 田中角栄と資源外交

小長啓一氏インタビュー（要約）

### ❖エネルギー安全保障の基盤をつくる

——まず、田中角栄氏が資源外交に注力した背景についてお聞かせください。

**小長**：田中さんが資源外交に熱意を持った背景には、彼自身の生活体験と戦時中の経験が深く関わっています。満州での陸軍二等兵時代に、燃料不足を身をもって経験したことが、エネルギーの重要性を痛感するきっかけとなりました。その後、戦後のエネルギー不足や石炭から石油への移行を経て、田中さんは一貫してエネルギー政策を日本の基本政策と位置づけていました。

通産大臣時代には、インドネシアやＵＡＥ（アブダビ）の石油利権確保に注力し、新たな輸入ルートを開拓しました。また、臨海コンビナートを設けて中東から安価な原油を運び入れ、国内で精製して重化学工業の基盤を整えるという戦略を推進しました。このような取り組みは、日本の重化学工業化を進展させ、国際競争力を強化する原動力となりました。

――満州時代の経験について、田中さんから直接お聞きになったことはありますか？

**小長**：ええ、田中さんが陸軍二等兵として燃料の不足を痛感した話は、通産大臣時代に直接伺ったことがあります。例えば、満州では燃料が乏しく、車両を利用することすら難しかったと話していました。これが彼のエネルギー政策における原点となり、戦後の石炭政策や石油移行への取り組みに繋がったのだと思います。

――資源外交においてインドネシアとの関係はどのように築かれたのでしょうか？

**小長**：インドネシアとの資源外交には、田中さんが中心となって新たな石油ルートを構築する取り組みがありました。岸信介氏が既に築いていたルートに加え、別のルートを開拓することで、より安定的に石油を供給する仕組みを作ろうとしました。これにより、インドネシアの石油公社プルタミナと協力し、新たなパイプラインを確保することに成功しました。

ただし、岸さんのルートと競合する形となり、一部に反対もありました。それでも田中さんは、日本のエネルギー安全保障を強化するため、追加的な供給ルートを構築する必要があると判断しました。

――資源外交におけるアメリカとの関係についてお聞かせください。

**小長**：田中さんの基本的なスタンスは、日本の国益を最優先に考えるものでした。例えば、旧フランス領のニジェールでのウラン採掘や、フランス式のガス拡散法によるウラン濃縮を進めることは、供給ソースを多角化し、アメリカへの過度な依存を避ける狙いがありました。

一方で、これらの動きがアメリカの利害に衝突することもありました。特に、中東依存からの脱却や北海油田の開発といった取り組みは、アメリカの資本や政策にとって刺激的だった可能性があります。しかし、田中さんの目的はあくまで日本のエネルギー安全保障を確立することであり、反米的な意図は全くなかったと思います。

――ロッキード事件が資源外交に関連しているとの見方については？

**小長**：ロッキード事件に関しては、田中さんが資源外交を進める中でアメリカの一部の利害に衝突した可能性が指摘されています。ただ、事件の直接的な背景が資源外交にあるかどうかは断定できません。

例えば、中曽根康弘氏の回想録では、田中さんがアメリカの虎の尾を踏んだ可能性があると述べられています。しかし当時の田中さんの行動は、日本のエネルギー安全保障を優先するものであり、アメリカの利権を意図的に損なう目的ではありませんでした。後付けの議論として、資源外交が影響を与えた可能性が語られることはありますが、当時の田中さん自身がそのような視点で動いていたわけではないと思います。

――田中角栄氏の資源外交の成果について、どのように評価されますか?

**小長**：田中さんの資源外交は、日本のエネルギー政策における重要な転換点を作りました。特に、中東依存からの脱却を掲げ、フランス、イギリス、北海油田など多様な供給ルートを確保する取り組みは、長期的に見て日本の経済と安全保障に大きく貢献しました。

また、資源外交を通じて重化学工業の基盤を整え、エネルギー供給の安定性を確保したことは、日本の高度経済成長を支える重要な要因となりました。その背景には、田中さん自身のエネルギーに対する深い理解と情熱があったと言えるでしょう。

田中角栄氏の資源外交は、日本の国益を追求し、エネルギー安全保障の基盤を築くものでした。その成果は現在も評価されており、彼の取り組みから学ぶべき点は多いと言えます。

## 田中角栄とロッキード事件

石田省三郎氏インタビュー（要約）

### ❖いまだに残るロッキード事件の謎

――ロッキード事件に関わる弁護を引き受けたきっかけを教えてください。

**石田**：1984年の春ごろのことでした。私はまだ若く、茅ヶ崎の近くで家族と遊園地から帰宅していた時、田中角栄先生の弁護を依頼する電話がかかってきたのを鮮明に覚えています。その時はただ「ぜひ先生を守る力になりたい」と思ったのが最初の気持ちでした。

――ロッキード事件の核心部分、特に現金授受についてどのようにお考えですか？

**石田**：この事件における「現金授受」は、いまだに多くの矛盾を孕んでいると感じています。当時、宗像紀夫検事（現・弁護士）とも話をしましたが、彼も「授受の話には違和感がある」と言っていました。一度に1億円や2億円もの現金をどうやって運ぶのかという現実的な疑問があるうえに、ロッキード社が既に全日空との契約をほぼ確定していた状況では、多額の現金を使う理由が見当たりません。

さらに、アメリカの戦略的意図が背景にあったのではないかと考えています。特に田中先生がアメリカの頭越しで周恩来との日中国交正常化を実現させたことが、アメリカの外交政策に大きな影響を与えた可能性があります。

――授受についての田中先生の反応はどのようなものでしたか？

**石田**：田中先生自身は、「5億円を受け取った」という話を断固否定していました。一方で、元秘書の榎本氏が後年「受け取った」と証言していますが、当時の状況から見てその証言には多くの矛盾があると考えています。特に、伊藤さんの自宅で4回にわたって現金を受け取ったというストーリーは、物理的にも実現困難な要素が多いです。

また、田中先生から直接聞いた話として、「おれはキッシンジャーにやられた」という言葉が強く印象に残っています。これは、彼が日中国交正常化や資源外交を進める中で、アメリカからの圧力を受けたことを暗示しているように思います。

――第二審での弁護戦略について教えてください。

**石田**：第二審では、第一審での矛盾点を徹底的に突く方針を取りました。特に、授受の日時や場所について具体的に検証し、物的証拠との齟齬（そご）を明らかにすることに重点を置きました。また、この事件の背景にあるアメリカの世界戦略や外交政策を考慮することで、田中先生が意図的に標的にされた可能性を主張しました。

裁判の過程で、鬼俊良氏（当時のロッキード日本代理店支社長）の供述が、授受の物語が現実とかけ離れていることを裏付ける重要な証拠となりました。例えば、全日空がすでにL-1011を導入することが決まっていた時期に、追加の資金が必要だったとは考えにくいです。

――田中先生の「キッシンジャーにやられた」という発言について詳しくお聞かせください。

**石田**：田中先生は「キッシンジャーにやられた」と直接語りました。この言葉から推察するに、彼の資源外交や日中国交正常化がアメリカの利害を損ねるものとみなされ、ロッキード事件を通じて政治的な圧力がかけられたのではないかと感じます。

また、田中先生は刑事訴訟法に関しても強い不満を抱いていました。自らが政務次官時代に関与した新刑事訴訟法が、冤罪を防ぐために作られたにも関わらず、自身がその法の下で有罪とされたことを、「皮肉な運命」と語っていました。

――ロッキード事件を通じて見えるアメリカと日本の関係についてはどうお考えで

すか？

**石田**：ロッキード事件は、単なる汚職事件としてではなく、日米関係や日本の政治構造における大きな問題を浮き彫りにしました。アメリカの資本や外交戦略が、日本の独立した外交政策や経済政策に影響を及ぼした事例のひとつと見ることができます。

田中先生の資源外交や日中国交正常化が、彼の信念に基づき日本の国益を追求するものであったのは間違いありません。その結果、アメリカの戦略的意図に反する行動とみなされ、事件が大きく取り沙汰された可能性が高いです。

田中角栄とロッキード事件をめぐる真相は、いまだに多くの謎を残しています。しかし、この事件を通じて浮かび上がるのは、彼が日本の独立性を追求し、時に強い逆風にさらされながらも国益を守るために奔走した姿です。その姿勢と信念は、今も多くの示唆を与えてくれます。

## ロッキード事件における意思決定

下河辺(しもこうべ)淳(あつし)氏インタビュー（要約）

### ❖汚職事件の裏にある国際力学

――沖縄返還交渉に関わる下河辺さんの経験について教えてください。特に、田中角栄総理と佐藤栄作総理の間でどのような意思決定が行われたのかに関心があります。

**下河辺**：まず、沖縄返還について言えば、佐藤栄作総理の時代にほとんどの基本方針が決まっていました。田中総理が実行に移したという形になります。ロッキード社からの航空機購入も同様で、基本的な枠組みは佐藤内閣の時代に決まっており、田中総理はそれを引き継ぐ形で動きました。

――佐藤総理が航空機購入を決定したというお話について、どのような経緯でお聞きになったのでしょうか？

**下河辺**：当時、私は経済企画庁で総合開発局長を務めており、佐藤総理とも直接やり取りする立場にありました。佐藤総理から直接「ロッキード社の航空機購入を決めた」と聞いた覚えがあります。ただ、これはあくまで私の記憶であり、正式な記録には残っていない部分もあるかもしれません。

――田中総理がこの計画を引き継いだ際に、どのようなアプローチを取られたのでしょうか？

**下河辺**：田中総理は、佐藤総理から引き継いだ政策を忠実に実行しました。ただし、彼自身のリーダーシップや政治手法が色濃く反映される場面も多くありました。特に、田中総理が打ち出した「日本列島改造論」は、当時の日本社会に大きな影響を与えましたが、これはジャーナリズムが大きく取り上げたもので、実際の政策の中身とは異なる部分も多かったのです。

――ロッキード事件に関して、下河辺さんが感じたことや覚えていることは何でしょうか？

**下河辺**：ロッキード事件に関しては、さまざまな憶測や事実が入り混じっていると感じます。特に、田中総理が直接意思決定をしたのか、それとも既存の枠組みを引き継いだのかについては、明確に線引きするのが難しい部分があります。

事件の背景には、アメリカの戦略的意図や日本国内の政治的対立が絡んでいた可能性も考えられます。そのため、単なる汚職事件として片付けるのではなく、日米関係や当時の国際情勢を含めた視点で捉えるべきだと思います。

——沖縄返還やロッキード事件を通じて、日本の政治文化や意思決定の仕組みについて、どのようにお考えですか？

**下河辺**：日本の政治文化や意思決定の仕組みは、当時の国際環境や国内の状況に大きく左右されていました。佐藤総理と田中総理の間には明確な引き継ぎがあったとはいえ、それぞれのリーダーシップや時代背景が政策に与える影響は非常に大きかったと思います。

また、ジャーナリズムの影響も見逃せません。田中総理がメディアに取り上げられる際のイメージは、実際の政策や行動とは異なる部分が多かったのではないでしょうか。このような状況は、政治家個人の評価や政策の理解に対して影響を与える一因となっています。

——最後に、現在の視点から見た沖縄返還やロッキード事件の意義についてお聞かせください。

**下河辺**：沖縄返還は、日本の主権回復という観点から非常に重要な出来事でした。一方で、その過程で生じた密約や不透明な決定が、後の日本政治における課題として残されたのも事実です。

ロッキード事件については、単なる汚職事件としてではなく、日本の政治や日米関係の在り方を考える契機として捉えるべきだと思います。この事件が示したのは、日本がいかにして国際社会の中で独自性を保ちながら行動できるかという課題でした。

佐藤総理から田中総理への政策の継承、そしてその背景にある国際的な力学や日本国内の政治的状況は、現代の視点から見ても多くの示唆を与えてくれます。これらの出来事を通じて、日本の未来を見据えた政治や外交の在り方を考えることが求められるでしょう。

著者略歴

❖

**佐藤 章**（さとう・あきら）

1955年生まれ。ジャーナリスト学校主任研究員を最後に朝日新聞社を退職。朝日新聞社では、東京・大阪経済部、『AERA』編集部、『週刊朝日』編集部、『月刊 Journalism』編集部など。退職後、慶應義塾大学非常勤講師（ジャーナリズム専攻）、五月書房新社取締役・編集委員会委員長。現在はYouTube動画「一月万冊」で時事問題解説を配信中。最近著に『日本を壊した政治家たち』（五月書房）、『職業政治家 小沢一郎』（朝日新聞出版）。その他の著書に『ドキュメント金融破綻』（岩波書店）、『関西国際空港』（中公新書）、『ドストエフスキーの黙示録』（朝日新聞社）、『コロナ日本黒書』（五月書房）など多数。共著に『新聞と戦争』（朝日新聞社）、『圧倒的！リベラリズム宣言』（五月書房）など。

「星条旗」の下の宰相たち

本体価格……二〇〇〇円
発行日……二〇二五年 二月二五日 初版第一刷発行

著者……佐藤 章
編集人……杉原 修
発行人……柴田理加子
発行所……株式会社 五月書房新社
東京都中央区新富二─一一─二
郵便番号 一〇四─〇〇四一
電話 〇三（六四五三）四四〇五
FAX 〇三（六四五三）四四〇六
URL www.gssinc.jp

組版……片岡 力
装丁……島 浩二
印刷／製本……モリモト印刷 株式会社



ISBN: 978-4-909542-68-7 C0031

# 世界情勢を読み解く国際関係論
## ――主体・歴史・理論――

小副川 琢（おそえがわ・たく）著

2020年代に入り混迷の度を深める世界情勢は、どうすれば客観的に把握し正しく読み解けるのか？　本書は政府以外の具体的な主体（アクター）の働きにも配慮して、世界情勢の分析に不可欠な理論と基礎概念を提示し、事例分析としてロシア・ウクライナ戦争を取り上げる。

1600円＋税　A5判並製

ISBN978-4-909542-58-8 C3031

# 不合理な原子力の世界

行動科学と技術者倫理の視点で考える安全の新しい形

松井亮太、大場恭子著

福島原発事故が起きるまで、日本の原子力関係者は「原発で大事故は絶対起こらない」と本気で信じていた。そのような原子力関係者のリアルな生態系を、行動科学（認知バイアスや集団心理）と技術者倫理の研究者らがわかりやすく解説する。

2000円＋税　四六判並製

ISBN978-4-909542-59-5 C0036

# 原発と日本列島

原発拡大政策は間違っている！

土井和巳著

後は野となれ山となれ、でいいのか？日本の未来は原発の後始末なくしてありえない。地球科学的に日本で原発など最初からムリだったのだ。稼動し始めてしまった以上、後始末をつけなければならない、それが不可能であったとしても…。地質学者として原発設計にたずさわった著者だからこそ語れる真実。

1800円＋税　四六判並製

ISBN978-4-909542-56-4 C0036

# 米軍基地と環境汚染

ベトナム戦争、そして沖縄の基地汚染と環境管理

田中修三著

ベトナム戦争での枯葉作戦に使用された「エージェント・オレンジ」は、その原料がわが国で製造されていた疑いがあり、また沖縄のやんばるの森や米軍基地で実際に使用され、沖縄の環境を汚染した。しかし米国はその事実を認めておらず、日本政府もそれを受け入れている。殆どの日本人が知らない、沖縄の歴史と真実を直視せよ！

1800円＋税　四六判並製

ISBN978-4-909542-38-0 C0031